Heilung

Kräuter, Homöopathie und Zaubersprüche

Band 64c der Reihe „Die Götter der Germanen"

Bücher von Harry Eilenstein

Astrologie

- Astrologie (496 S.)
- Photo-Astrologie (428 S.)
- Horoskop und Seele (120 S.)

Magie

- Handbuch für Zauberlehrlinge (408 S.)
- Tarot (104 S.)
- Physik und Magie (184 S.)
- Die Magie-Formel (156 S.)
- Krafttiere – Tiergöttinnen – Tiertänze (112 S.)
- Schwitzhütten (524 S.)

Meditation

- Der Lebenskraftkörper (230 S.)
- Die Chakren (100 S.)
- Das Chakren-System mit den Nebenchakren (296 S.)
- Meditation (140 S.)
- Drachenfeuer (124 S.)
- Reinkarnation (156 S.)

Kabbala

- Kursus der praktischen Kabbala (150 S.)
- Eltern der Erde (450 S.)
- Blüten des Lebensbaumes:
  - Die Struktur des kabbalistischen Lebensbaumes (370 S.)
  - Der kabbalistische Lebensbaum als Forschungshilfsmittel (580 S.)
  - Der kabbalistische Lebensbaum als spirituelle Landkarte (520 S.)

Religion allgemein

- Muttergöttin und Schamanen (168 S.)
- Göbekli Tepe (472 S.)
- Totempfähle (440 S.)
- Christus (60 S.)
- Dakini (80 S.)

- Vajra (76 S.)

Ägypten

- Hathor und Re 1: Götter und Mythen im Alten Ägypten (432 S.)
- Hathor und Re 2: Die altägyptische Religion – Ursprünge, Kult und Magie (396 S.)
- Isis (508 S.)

Indogermanen

- Die Entwicklung der indogermanischen Religionen (700 S.)
- Wurzeln und Zweige der indogermanischen Religion (224 S.)

Germanen

- Die Götter der Germanen (Band 1 – 80)
- Odin (300 S.)

Kelten

- Cernunnos (690 S.)
- Der Kessel von Gundestrup (220 S.)
- Der Chiemsee-Kessel (76)

Psychologie

- Über die Freude (100 S.)
- Das Geheimnis des inneren Friedens (252 S.)
- Das Beziehungsmandala (52 S.)
- Gefühle und ihre Verwandlungen (404 S.)
- einsgerichtet (140 S.)
- Liebe und Eigenständigkeit (216 S.)
- Von innerer Fülle zu äußerem Gedeihen (52 S.)
- Die Symbolik der Krankheiten (76 S.)

Kunst

- Herz des Tanzes – Tanz des Herzens (160 S.)

Drama

- König Athelstan (104 S.)

Kontakt: www.HarryEilenstein.de / Harry.Eilenstein@web.de

Herstellung und Verlag: BoD- Books on Demand, Norderstedt   **ISBN:** 9783748170891

Die Themen der einzelnen Bände der Reihe „Die Götter der Germanen"

Inhaltsverzeichnis

Der Band 64 über „Magie und Ritual" ist so umfangreich geworden, daß er in drei Teile zerlegt werden mußte:

Band 64a: Magie und Ritual I   - Magie
Band 64b: Magie und Ritual II   - Kult
Band 64c: Magie und Ritual III - Heilung

I Heilung in der germanischen Überlieferung

Heilung ist ein sehr komplexer Vorgang, der hier nicht mit all seinen physischen, psychologischen, astrologischen und magischen Aspekten umfassend dargestellt werden kann.

Aus den folgenden Betrachtungen werden aber immerhin in deutlichen Konturen die Ansichten der Germanen über körperliche Leiden und ihre Vorgehensweisen bei der Heilung von Krankheiten und Verletzungen sichtbar. Diese germanische Tradition enthält durchaus auch einige unerwartete Elemente wie z.B. die Homöopathie.

I 1. Wortschatz

I 1. a) Heilung

Das zentrale Wort in Bezug auf die Heilung ist „heill", das eine recht umfassende Bedeutung hat und in jeder Hinsicht den „richtigen Zustand" bezeichnet:

heill   = heil, gesund, ganz, geheilt (Wunden), genesen (Krankheit),
                     gesegnet, glücklich, wahr, aufrichtig, redlich, gut, heilvoll,
                     unverletzt, vollständig
heil-liga   = fair, gerecht, ehrlich, aufrichtig, gut
heil-ligr   = fair, gerecht
heil-vita   = „von gesundem Verstand" = vernünftig
heilagr   = heilig
heilag-leikr   = Heiligkeit

Auch der „falsche Zustand" wird mithilfe des Wortes „heill" gebildet:

illa-heill   = übel-heil = krank (englisch: „ill")

Der angestrebte Zustand ist das „heil-Sein", was physisch die Gesundheit, psychisch das Glück und spirituell ein gutes Omen ist:

heilsa	= Gesundheit, Heilung, Erlösung (das christliche „Heil")
heili	= Gesundheit
heilendi	= Gesundheit
heilsa	= Heil, Glück, Gesundheit
heill	= Heil, Glück, Omen

Interessanterweise ist es das Gehirn, das dieses „heil-Sein" erkennt bzw. was heil sein sollte:

heili, heilir = Gehirn

Durch das Heilen wird der „richtige Zustand" wiederhergestellt. Da dies auch ein magisch-spiritueller Vorgang ist, wurde das Wort „heilen" in der frühchristlichen Phase in den Nordlanden, also ca. von 1000-1300 n.Chr., auch für „verzaubern" und „behexen" verwendet:

heila	= heilen
gröda	= „grünen" = wachsen, wachsen lassen, mehr werden lassen, heilen
gröda ... at heilu	= „ins heil-Sein hineingrünen/-wachsen" = vollständig heilen
heilla, heillra	= verzaubern, behexen
heilan	= Heilung
heil-brigdi	= „Heil-Anrecht/Veränderung" = Heilung, Gesundung, Gesundheit
heilsu-bragd	= „Bringer/Mittel der Heilung" = Heilungsprozeß, Heilung
heisu-gjöf	= „Heil-Geschenk/Gabe" = Heilung, Wiederherstellung der Gesundheit

Die Qualität dessen, was heilt, d.h. das einen Menschen wieder in den „richtigen Zustand" versetzt, ist „heilsam":

heil-samligr	= heilsam
heil-samr	= heilsam

Für den Vorgang der Wiederherstellung der „richtigen Ordnung" werden Hilfsmittel benutzt. Dies ist zunächst das Wissen um die Krankheiten und um die Gesundheit, also die Diagnose und die Therapie:

heil kenning	= gute, nützliche Lehre
heilsu-rad	= „Heilungs-Rat" = Mittel zu Wiederherstellung der Gesundheit
läknis-domr	= „Wissens-Entscheidung" = (richtiges) Heilmittel
läkinis-bragd	= „Wissens-Bringer", „Wissens-Mittel" = Heilmittel

Eine Person, die dieses Wissen hatte und anwenden konnte, war ein Heiler bzw. eine Heilerin:

grödari	= „der etwas grünen/wachsen läßt" = Heiler, Erretter
Groa	= „Grüne" = Erdgöttin, Jenseitsgöttin, Wiedergeburtsgöttin und Schutzgöttin sowie wahrscheinlich auch Heilungsgöttin (wer den Tod durch die Wiedergeburt „heilen" konnte, konnte auch alle anderen Krankheiten heilen)

Als nächstes werden spezielle Heilmittel benötigt, unter denen die Kräuter besonders wichtig waren:

läknis-gras	= „Wissens-Kraut" = Heilkraut
läknis-lyf	= „Wissens-Kraut" = Heilkraut
lyf	= Kraut, Gift (englisch „leaf" = „Blatt") = Heilkraut, Medizin, Zaubermittel

Weitere Arzneien waren Tränke:

heilsu-drykkr	= Heilungstrank
heili-vatgr	= „Heil-Wasser" = flüssige Medizin, Balsam, Heilungstrank

Heilsteine sind keine speziellen Steinarten, sondern spezielle einzelne Steine:

lyf-steinn	= Heilstein, Stein mit einer besonderen Fähigkeit oder Eigenschaft (analog dem „Siegstein" – siehe „Siegstein" in Band 67)

Zur Heilung gehörten auch Zaubersprüche, wobei das Wort „liknar" („Gleichheit") zeigt, daß die Krankheiten von Dingen geheilt wurden, die der Krankheit ähnlich sind, und daß man bei der Heilung Zauberlieder („galdr") benutzt hat:

liknar-galdr   = „Gleicheits-Zauberlied" = Heilungs-Zaubersprüche

Auch das „Handauflegen", das vermutlich auch bei den Germanen als Übertragung von Lebenskraft angesehen wurde, war bekannt:

läknis-hendr   = „Wissens-Hände" = heilende Hände, Heiler-Hände
njotid heilir hand   = „Deine Hände seien gesegnet!" = „Gut gemacht!"

Die folgende Redewendung könnte man mit viel Wohlwollen als „Präventiv-Medizin" ansehen:

er um heilt bezt at binda = es ist besser zu heilen (Krankheit) als zu verbinden
                             (eine Wunde verbinden)

Es lag nahe, jemandem beim Gruß das „heil-Sein" zu wünschen:

kom heill   = „Werde heil!" = Willkommen!, Heil!
far heill   = „Fahre heil!" = „Gute Fahrt!"
heilsa   = jemandem Glück wünschen, jemanden begrüßen
heilsan   = Gruß, Salutation

I 1. b) Zusammenfassung

Gesundheit ist der physische Aspekt des „richtigen Zustandes", der sich auch auf die Psyche (Glück) und auf den magisch-spirituellen Bereich (gute Omen) bezieht.
Zur (Wieder-)Herstellung dieses „richtigen Zustandes" ist das Wissen über diesen heilen Zustand sowie die Kenntnis der passenden Hilfsmittel notwendig, die Kräuter, Tränke, Heilsteine, Zaubersprüche und heilende Hände umfassen.
Beim Gruß wünschte man einander diesen „heilen Zustand".

I 2.   Das Streben nach Gesundheit

I 2. a)   Havamal

Wie vermutlich alle Völker haben auch die Germanen die Gesundheit als eines der wichtigsten Dinge im Leben angesehen:

Feuer ist das Beste dem Erdgebornen,
Und der Sonne Schein;
Nur sei Gesundheit ihm nicht versagt
Und lasterlos zu leben.

I 2. b)   Havamal

Ganz unglücklich ist niemand, auch wenn er nicht gesund ist:
Einer hat an Söhnen Segen,
Einer an Freunden, einer an vielem Gut,
Einer an trefflichem Tun.

I 2. c)   Zusammenfassung

Gesundheit ist eines der wichtigsten Dinge im Leben.

I 3.   Krankheiten

I 3. a)   Jakob Grimm: Deutsche Mythologie

1.   Namen für „Krankheit"

*Unsere heutige, nicht aus dem volk hervorgegangne arzneigelehrsamkeit hat allmä-
lich beinahe alle deutschen benennungen der krankheiten verdrängt und durch griechische oder römische wörter ersetzt. da jene oft noch auf vorstellungen des alterthums von den krankheiten und ihrer heilung führen, wird es nöthig sein wenigstens
die bedeutendsten anzuführen.*

*Krank hat im Mittelalter nur den sinn von debilis, infirmus, althochdeutsch wana-
heil, nicht von aeger, und für dieses gilt siech, gothisch siuks, neuhochdeutsch sioh;
morbus wird folglich nicht durch krankheit ausgedrückt, sondern durch sucht,
gothisch saúhts, althochdeutsch suht, altnordisch sôtt, während wir mit sucht jetzt den
sittlichen begrif von hang, heftigem verlangen verbinden, und nur noch in den
zusammensetzungen schwindsucht, gelbsucht u. a. seine alte bedeutung behalten.*

*Analog verhalten sich das altnordische þrá (desiderium, aegritudo animi) und
lîkþrá (lepra), vergleiche schwedisch trå, helletrå, dänisch traa, helletraa.*

*Allgemeine wörter, die auch den leiblichen schmerz des siechthums ausdrücken,
sind althochdeutsch suero, mittelhochdeutsch swer, althochdeutsch und mittelhochdeutsch wê, wêtago, wêtage (wie siechtage).*

*Sonst heißt ein siecher auch althochdeutsch bettiriso (bettlägerig, clinicus); mittel-
hochdeutsch betterise; angelsächsisch beddrida, englisch bedridden; ein name zumal
für alterschwache greise geeignet, ›der alte betterise‹, der sich nicht mehr vom lager
erhebt. im Norden hieß diese schmerzlose alterskrankheit Ann sôtt, nach könig Ön
eðr Ani, der durch das opfer seiner söhne das höchste lebensziel erreicht hatte und
zuletzt gleich einem kinde wieder milch trank.*

2.   Ohnmacht

*Die ohnmacht heißt unmaht: si kam in unmaht; vor unmaht si niderseic; in unmaht
vallen (althochdeutsch: mir unmahtet); si vielen in unkraft; haer begaven al die lede,
so dat si in onmacht sêch; therte begaf haer alte male, so dat si sêch in ommacht; viel
in onmaht; viel in ommaht; von âmaht si niderseic; si kam in âmaht; diu âmaht
vaste mit im ranc; âmaht; zwô âmehte si enpfienc; abkraft; viel in marmels; marmels
hingeleit; si lâgen in unsinne; vergaz der sinne; dô verlôs ich alle mine sinne;*

13

unversunnen lac; si viel hin unversunnen; se pâmer, pasmer; se plasmet; plasmage (neuhochdeutsch: die sinne verlassen ihn); animus hanc reliquerat; si lac in einem twalme; daz im vor den ougen sînen vergie sunne unde tac; er viel vor leide in unmaht, ern weste ob ez waere tac oder nacht; er was ûz sîner gewalt; mir geswindet; daz ir geswand; ir was geswunden; im geswant; swinden; beschweimen (angelsächsisch svima deliquium; englisch: fell in a swoon; angelsächsisch: heáfodsvima; englisch: headswimming = schwindel, vertigo); wan in daz houbet diuzet von gesühte; ime entsweich; beswalt; ontmaect (ohnmächtig); Er kam suo sih; zuo im selben quam; zuo ir selber kam; zu ir selber kam; zo ime selvin bequam; biz er bequam; doe hi bequam; was vercomen weder (zu sich gekommen); sîn herze im widertrat (cor ei rediit); herze gewinnen (zu sich kommen, sich versinnen); sich widere versan; er wart verriht; kam ze gerechen; do si wart ze witzen (neuhochdeutsch: bei sich sein); sumne ego apud me?

Die Bezeichnungen „ohne Macht sein" und „ohne Sinneswahrnehmungen sein" beschreiben den Zustand von außen her, während „zu sich kommen" den Vorgang von innen her darstellt: Bei der Ohnmacht verläßt die Seele (Astralkörper) den physischen Leib und kehrt am Ende der Ohnmacht wieder zu ihm zurück – „man kommt (ganz wörtlich) wieder zu sich zurück".

3. einzelne Krankheiten

Krampf (spasma, convulsio), bei kindern gewöhnlich freise, freisig, gefrais, fräsel. schäuerchen (zahnkrampf) niederdeutsch schürken, d. h. kleiner schauer, zuckung. doch bedeutet die freis, frais auch häufig epilepsie.
Leibweh, grimmen (neuniederländisch: krimmen, reißen). die obere grimme, mannsmutter, hachmutter, bärmund, bärmutter. ›die bermutter hat mich gebissen‹ (ich habe colik); östrreichisch bervater und bermutter; tvärmund. trîbe soll nach Hoffmanns erklärung auch colik bedeuten.
Ruhr (dysenteria), durchlauf, darmgicht ûzsuht, zuzsuht, aussucht (durchfall). rothe ruhr, der rothe schaden.
Lungensucht, angelsächsisch lungenâdl (pneumonia); schwinge oder lungesucht steht wol für schwinde? in Östreich der schwund, neuhochdeutsch schwindsucht; nach Abele greift sie alle jahr ein ellen därme an.
Seitenstechen, pleuritis. althochdeutsch stechido. mittelniederländisch lancevel von lanc, französisch flanc, althochdeutsch lancha ilia, lumbus, ein althochdeutsches lanchupil morbus ilium habe ich nicht gelesen. Seitenstechen ist altnordisch tac, altsächsisch stechetho. neuhochdeutsch darmwinde vergleiche litthauisch klynas, iliaca passio. miserere.

Wassersucht, althochdeutsch auch wazarchalp (hydrops); vergleiche mondkalb (mola, caro in utero nascens), engl. mooncalf (ungestalte misgeburt), wobei wol mythische vorstellungen obschweben, da sich auch sonnenkalb als eigenname findet, und aberkalb, afterkalb, eberkalb ein unechtes kind bezeichnet. schwedisch mánadskalf, mánkalf. vergleiche die sage vom frater salernitanus.

Abortus heißt misgeburt, fehlgeburt, miskram; abortieren: umschlagen, umstülpen, verschütten, umwerfen, umkeipeln. ›zy heft de kar omgeworpen‹, es ist ihr unrichtig gegangen, ›meinem weibe geht es unrichtig‹, geht ungerade, dänisch at giöre omslag (abortieren).

Richtig gebären heißt: das kind an die statt bringen. ehstnisch tüjad nurgad (leere ecken) mondkalb. ülle kätte minnema (über die hände gehn) gegensatz zu last pölwede peälet töstma (kind aufs knie heben, ordentlich gebähren). ›es lärmt‹, ›das haus knakt‹ (die geburtsstunde naht) ›das haus ist eingefallen‹ (die geburt ist erfolgt), ›der ofen fällt ein‹. mittelhochdeutsch ›diu kamer wart entlochen‹. bermutter, das von der kolik gebraucht wird, bezeichnet eigentlich die mutterkrankheit, und sie wird nicht nur als kröte, sondern auch als maus dargestellt, die aus dem leib gelaufen kommt und der ein degen über den fluß gelegt ist.

Herzgespan (cardialgia) herzspann , sonst herzweh, herzkulk (ventriculi colica), ›es lieget und steht mir für dem herzen‹. mittelhochdeutsch herzeswer, auch swermage. etwas anders ist der herzwurm, von dem der gemeine mann glaubt, jeder mensch habe einen solchen und müsse sterben, wenn der wurm aus dem mund krieche, auf die zunge trete. Den alten hieß eine zungengeschwulst βάτραχος und rana. Auch den heißhunger βούλιμος, appetitus caninus deutete man aus einem thier: vermis lacertae similis in stomacho hominis habitat. ›wir suln uns alle brœten, den zadelwurm tœten, der uns dicke hât genagen‹.

Kopfweh, houbitwê. houbitsuht, farren, vielleicht faren.

Tobesuht (amentia), hirnsucht, wirbelsucht.

Althochdeutsch huosto (tussis), mittelhochdeutsch huoste, neuhochdeutsch huste (in Zürich wüeste), altnordisch hôsti, angelsächsisch hvôsta, englisch whoost. altnordisch qvef husten, schnupfen.

Schnupfe, schnaube, schnuder, in der Schweiz pfnüsel; bei Hildegard nasebôz coryza. mittelhochdeutsch strûche.

Kramme (rauher hals) für catarrh althochdeutsch tampho bei Hildegard dumpho; rothlauf, in der Schweiz wolken, fliegende wolke. in der Wetterau: krammel im hals, halskratzen und woul starker katarrh. vergleiche althochdeutsch wuol.

Zahnweh, zahnschmerz, mittelhochdeutsch zanswer.

Kopfweh machen verkehrte, schwarze elben.

Taneweczel heißt ein haupt und brustkrampf mit husten. vergleiche bauerwetzel. griechisch βήξ. der tanaweschel kommt personificiert vor.

Gelbsucht (elephantiasis), jetzt ist gelbsucht ἴκτερος. ›den leuten gelbe kittel anhän-

gen‹ heißt das gelbsucht anzaubern? gelesuht und fich ist ficus morbus, angelsächsisch ficâdl; ›der rot vich‹ für hämorrhiden; ›der rôte siechtuom und daz vîc macht iuch bleich unde gel‹.

Althochdeutsch misalsuht (lepra), gothisch þrutsfill. dies wort habe ich richtig zu þriutan und den anomalen genitiv þruts für þrutis erkannt. þruts bedeutet qual, plage und dann auf die krankheit angewandt aussatz. die althochdeutsche form wäre druzisfel. vollkommen stimmt das böhmische trud in beiden bedeutungen dolor und lepra, desgleichen das polnische trąd ausschlag. althochdeusch hriupî (scabies) rûda (impetigo) zittarlûs (impetigo). ein neuer volksausdruck ist schneidercourage, schneiderkurzweil.

Das angelsächsische gicđa (scabies, impetigo) englisch itch ist das althochdeutsche juchido.

Die rose (crysipelas), das laufende feuer, ignis sacer, althochdeutsch omo, angelsächsisch oma, altnordisch âma.

Von rothen flecken im gesicht der kinder sagt man: ›das jüdel hat das kind verbrannt‹.

Angelsächsisch ist þeor, þeorveorc entzündung, þeorvyrm impetigo vermicularis.

Steinschmerz, calculorum dolor, bei Götz von Berlichingen: ›der reißende stein‹.

Eine art auswuchs oder schwamm hieß malannus (das übel jâr); carbunculi vel malae pustulae, quem malum vulgo dicunt malampnum. auch die dagegen gebrauchte pflanze führte den namen malannus, althochdeutsch achalm.

I 3. b) Zusammenfassung

Die Namen der Krankheiten sind in der Regel von ihren Symptomen abgeleitet worden.

Das ursprüngliche deutsche Wort für „krank" war „siech" (englisch: „sick"), wovon sich „Seuche" und „Sucht" ableitet. Dieses Wort hat sich aus dem germanischen „seuthan" für „sieden" heraus entwickelt – das „Siechtum" bezeichnete folglich zunächst die fiebrigen Krankheiten.

Schon im Mittelalter wurde „siech" vor allem für die sehr ansteckenden Krankheiten („Seuchen") benutzt, die weitestgehend mit den fiebrigen Krankheiten übereinstimmen.

Das heute übliche Wort „krank" bedeutete im Mittelalter noch „alt, krank, schwach, mager, schlecht, gering". Dieses Adjektiv stammt über das germanische „krangaz" für „schwach, hinfällig" von dem indogermanischen „ger" für „drehen, winden, krumm" ab und hat ursprüngliche die gebeugt gehenden alten Menschen und somit die Altersschwäche bezeichnet.

I 4.   Genesungs-Orakel

I 4. a) Völsungen-Saga

Wie die Lage auch aussehen mag – man soll die Hoffnung nie aufgeben:

So mancher wurde wieder gesund, nachdem nur noch wenig Hoffnung bestand.

I 4. b) Hrolf Kraki und seine Berserker

Es gab Omen und Orakel, die auf den nahenden Tod oder eine Krankheit hinweisen, wobei das Omen selber der Art des Todes bzw. der Krankheit entsprechen. Interessanterweise werden die Krankheiten in dem folgenen Text mit der Erde assoziiert – wegen der Bestattung in der Erde?

Danach stampfte Elch-Frodi mit seinem Huf auf den Felsen neben ihm und sank bis zu der Afterklaue ein.
Da sprach Frodi: „Ich werde jeden Tag zu diesem Hufabdruck kommen und schauen, was ich in dem Abdruck sehe. Wenn Erde in ihm ist, wirst Du an einer Krankheit gestorben sein, wenn es Wasser ist, wirst Du ertrunken sein, und wenn es Blut ist, wirst Du an Waffen gestorben sein und dann werde ich Dich rächen, denn von allen Männern liebe ich Dich am meisten."

I 4. c) Jakob Grimm: Deutsche Mythologie

1. Genesungs-Orakel

Es gab abergläubische zeichen, aus deren beobachtung man abnahm, ob ein gefährlich kranker unterliegen oder genesen werde, des geschreis, flugs, wendens der vögel ist sschon gedacht. Burchardt führt an, daß man steine aufhebe und nachsehe ob ein lebendiges thier darunter sei: ähnlich ist das aufgreifen einer handvoll erde und forschen nach einem lebendigen wesen darin. Der blick des vogels Galadrôt und die stellung des Todes zu häupten oder zu füßen waren bedeutsame zeichen.
Daß das stehen zu füßen frommte, wuste schon Plinius: ›eundem (ricinum) in

augurio vitalium habent. nam si aeger respondeat qui intulerit, a pedibus stanti interrogantique de morbo, spem vitae certam esse; moriturum nihil respondere. adjiciunt, ut evellatur ex aure laeva canis, cui non sit alius quam niger color.‹

Noch heute ist schottischer glaube, wenn man in des kranken auge die männlein nicht mehr sehe, müsse er sterben: in der glanzlosen pupille des brechenden auges spiegelt sich des gegenüberstehenden menschen bild nicht mehr. Schon im angelsächsischen dialog zwischen Adrian und Ritheus: ›saga me, on hvâm mäig man geseon mannes deáđ? ia þe secge, tvege manlîcan beoþ on mannes eágum: gif þû þâ ne gesihst, þonne svilt se man, and biđ geviten ær þrim dagum.‹

Hierzu muß verglichen werden, daß man auch in eines verzauberten menschen augen die κόρη nicht sieht, und sie in einer hexe aug verkehrt oder doppelt stehn soll. Kann ein todkranker nicht verscheiden, so soll man eine schindel auf dem dach wenden, drei ziegeln aufheben oder anderes holes hausgeräthe umkehren. das gleiche mittel wird bei epileptischen und kreißenden angewendet: ›wann es im kreißen schwer hergehet, läßt man den man drei schindeln aus dem dache ziehen und verkehrt wieder einstecken‹.

2. Ahnen

Es sind zwar kaum Hinweis auf heilende Ahnen bekannt, aber durchaus heilende Geister. Diese werden letztlich die Totengeister, also die Ahnen sein.

Wie nun die einzelnen krankheiten und seuchen von göttern oder dämonen verhängt und gesandt wurden, gab es auch besondere mittel und heilungen, die zunächst von solchen höheren wesen ausgiengen. im catholischen volksglauben des späteren mittelalters hatte sich ein förmliches system ausgebildet, welche einzelne heilige und heiliginnen in besondern schmerzen und nöthen fast für jedes glied des leibs angerufen werden sollten.

Unter der menge abergläubischer heilarten zeichne ich folgende aus.

Uralter brauch war es, den siechen zu messen, theils zur heilung, theils zur erforschung, ob das übel wachse oder abnehme. Hierher könnte man schon aus dem buch der könige I. 17, 21. II. 4, 34 nehmen, daß Elias und Elisa über dem entseelten kinde sich messen, und es dadurch wieder beleben. auch das messen der glieder beim lichtergeben auf den altar, obgleich es mehr künftige übel abhalten soll, ist zu erwägen. Im bîhtebuoch wird gefragt: ›ob dû ie geloubetôst an hecse und an lâchenerin und an segenerin, und ob dû tæte daz si dir rieten? und ob dû ie gesegnet oder gelâchent wurde oder gemezen wurde, und ob dû ie bekort wurde?‹ Zu ihrem mann, den sie bethören will, sagt eine frau: ›tuo dich her, lâ dich mezzen‹; alsô lang ich in maz, unz er allez vergaz. eine andre, die ihrem mann einbilden will, daß er ›niht guoter sinne‹ habe, sagt zu ihm:

> *›sô habt her und lât iuch mezzen,*
> *oh ihtes an iu sî vergezzen‹.*
> *sie was ungetriuwe,*
> *sic nam ir rîsen niuwe.*
> *sie maz in nâch der lenge,*
> *dô was ez im ze enge,*
> *sie maz im twerhes über houpt:*
> *›swaz ich spriche daz geloupt,*
> *blâset dar durch mit gewalt‹,*
> *si nam die rîsen zwîvalt,*
> *›und tret mir ûf den rehten fuoz,*
> *sô wirt iu iuwer sühte buoz;*
> *ir sult iuch in daz bette legen*
> *und sult iuch niergen regen,*
> *biz daz ir derhitzet*
> *und ein wênc erswitzet,*
> *sô ezzet drithalp rockenkorn,*
> *sô wirt iuwer suht gar verlorn.‹*

Renner: strecket iuch nider und lât iuch mezzen. Dieses messen wird auch unter den übrigen zaubereien angeführt. Schwangere messen einen docht nach der länge des heiligen bildes und gürten ihn um den leib.

Nach Wiers arzneibuch heißt im Trierischen eine krankheit der nachtgrif (durch den angrif von nachtgeistern hervorgebracht?); um sich ihres daseins zu vergewissern verfährt man so: dem kranken wird sein gürtel um den bloßen leib gezogen, in der länge und breite, dann abgenommen und an einen nagel gehängt mit den worten: ›ich bitte dich, herr gott, durch die drei jungfrauen Margaritam, Mariammagdalenam und Ursulam, du wöllest doch an den kranken ein zeichen geben, ob er den nachtgrif hat‹. hierauf wird nachgemessen, ist der gürtel kürzer als zuvor, so gilt es für ein zeichen der krankheit. Im Liegnitzischen hat fast jedes dorf eine messerin: immer ist es eine alte frau. will man nun wissen, ob bei einem schwindsüchtigen lebensgefahr vorhanden sei, so nimmt sie einen faden und mißt den kranken vom scheitel zur sohle und an den ausgespreizten armen von einer handspitze zur andern. findet sich die länge vom kopf bis zum hacken kürzer als die arme, so ist eine auszehrung da: je weniger der faden für die armlänge zureichen will, desto weiter ist die krankheit vorgeschritten, reicht er nur zum elbogen, so ist keine hilfe mehr.

Die messung wird öfter wiederholt: nimmt der faden zu, und erreicht wieder die rechte länge, so ist die krankheit gehoben. für ihre mühe darf die weise frau nie geld *fordern, sie nimmt was man ihr gibt. Nach den märkischen forschungen wird ein weib nackt ausgezogen und mit einem sonntags gewobenen rothen garnfaden gemessen. Man vergleiche das getraide und wassermessen.*

Viel vermag das streichen und binden. gemeinlich wird mit der hand, dem kleidermel oder messerrücken der leib der siechen gestrichen, oft auch ein faden um das kranke glied, oder das heilmittel daran gebunden. von diesem binden nachher weiteres.

Wenn einen kranken die weißen leute (białe ludzie) quälen, wird in Polen freitags ein lager von erbsenstroh gemacht, laken gespreitet und der kranke darauf gelegt. dann trägt einer ein sieb mit asche auf dem rücken, geht um den kranken herum, und läßt die asche auslaufen, so daß das ganze lager davon umstreut wird. frühmorgens zählt man alle striche auf der asche, und stillschweigends, ohne unterwegs zu grüßen, hinterbringt sie einer der klugen frau, die nun mittel verschreibt. In der asche drücken sich die spuren der geister ab, wie man auch den erdmännlein asche streut.

Von dem wasserschöpfen und gießen der klugen frau. Segnen des schlags (der apoplexie) mit einer hacke auf der schwelle.

I 4. d) Zusammenfassung

Es gab Omen und Orakel, aus denen man ersehen konnte, ob jemand vom Tod bedroht gewesen ist. Der Vogelflug hat dabei ursprünglich sicherlich einen Bezug zu dem Seelenvogel des Kranken gehabt.

I 5.   Präventiv-Medizin

I 5. a)   Die sehr hilfreichen Aussprüche des Weisen

Die aktive Pflege der Gesundheit ist wichtig, um nicht krank zu werden. Dazu gehörten damals gute Ernährung und Maßhalten in den eigenen Tätigkeit – Fitness-Training war bei dem damaligen anstrengenden Leben natürlich überflüssig …

Jeder Mann sollte
auf seinen Körper achten,
denn die Gesundheit
ist für die Menschen sehr wichtig –
niemand wird sich seines Geldes erfreuen können,
wenn er nicht gesund ist.

I 5. b)   Die sehr hilfreichen Aussprüche des Weisen

Genieße Speise und Trank
niemals in solchem Übermaß,
daß es Deine Kräfte schmälert.

I 5. c)   Die sehr hilfreichen Aussprüche des Weisen

Man hat nicht für alle Dinge
genug Kraft und Gesundheit.

I 5. d)   Gesta danorum

Kranke Menschen müssen sich mit Geschick Nahrung für ihre Reise beschaffen.

I 5. e) Kormak-Saga

Lange habe ich gelebt
und ich habe mich von den Göttern leiten lassen;
doch ich habe niemals eine braunen Schlauch getragen
um das Glück zu mir zu holen.
Ich habe niemals um meinen Hals
eine Schnur geknotet
um mein Gedeihen zu sichern
– und siehe: Ich lebe!

Mit dem „Schlauch" ist möglicherweise ein getrockneter Pferdepenis („völsi") gemeint. Die Szene erinnert ein wenig an die indianischen „Medizinbeutel".

I 5. f) Zusammenfassung

> Maßhalten in Essen, Trinken und Anstrengungen sowie Amulette helfen, die Gesundheit zu erhalten.

I 6. Die Krankheits-Göttin

I 6. a) Sonnenlied

Die Krankheiten werden von Geistern verursacht, die in den folgenden Zeilen „der Hölle Töchter" genannt werden, womit die germanische Hel, die Nornen und die Walküren gemeint sein werden.

Die Jenseitsgöttin (Hel) wurde zu den Schicksalsgöttinnen (Nornen), diese zu den Schicksalsverkünderinnen (Walküren) und diese schließlich zu „bösen Geistern".

Die Tage der Krankheit / fühlt' ich unsanft
Mir um die Hüfte geheftet;
Zerreißen wollt ich sie; / aber sie waren stärker:
Leichter geht sich's lose.

Allein wußt' ich, / wie überall
Mir die Schmerzen schwollen.
Heim luden mich / der Hölle Töchter
Graunvoll alle Abend.

Der Sprecher erlebt die Krankheit wie eine Fessel und wäre gerne frei („lose") von ihr.

I 6. b) Zusammenfassung

Hel als die Göttin des Todes wurde mit der Zeit auch zu einer Göttin der Krankheiten – ihre Assoziation mit der christlichen „Hölle", die ursprünglich die „Höhle", d.h. die Grabkammer eines Hügelgrabes gewesen ist, sowie ihre Umdeutung zu „des Teufels Großmutter" haben diese Entwicklung sicherlich sehr gefördert.

I 7.   Der Krankheits-Riese

I 7. a)   Runen-Zauberspruch von Canterbury

Da sich Tyr als Riese in der Unterwelt nach seiner Absetzung als Göttervater um 500 n.Chr. in seiner Gestalt als Tyr-Riese zum Inbegriff des Bösen und Schädlichen umgedeutet worden ist, ist es unvermeidbar gewesen, ihn auch als Krankheitsverursacher anzusehen.

Kuril, Wunden-Jäger,
geh fort! Du bist gefunden worden!
Thor weihe Dich,
Herr der Trolle,
Kuril Wunden-Jäger!

gegen Blutgefäß-Eiter

„Thor weihe Dich!" bedeutet hier sicherlich „Thor schlage Dich mit seinem Hammer!", da Thor mit seinem Hammer weiht und hier mit „weihen" eine Schädigung gemeint sein muß – die Germanen schätzten selbst bei Heilungen diese Art von derber Ironie …

Geschlagen wird von Thor stets der Thor-Riese (oder die Jenseitsgöttin als Tochter des Tyr-Riesen), was bedeutet, daß „Kuril" ein Name des Tyr gewesen sein muß. Evtl. ist „Kuril" aus dem angelsächsischen „ceorl" für „Mann, Bauer" entstanden.

Der „Herr der Trolle" kann nur der Tyr-Riese sein – Tyr wurde auch „König der Alfen" genannt. Sowohl die Trolle als auch die Alfen sind ursprünglich die Totengeister gewesen – und Tyr war der „Herr des Totenreiches".

Die letzte Zeile ist der Indikationshinweis für diesen Zauberspruch – er ist gegen Eiter und vermutlich auch gegen Wundfieber gedacht.

„Wunden-Jäger" bedeutet, daß Kuril die Wunden heimsucht, d.h., daß er sie eitern läßt und das damit manchmal verbundene Fieber verursacht.

I 7. b)   Sigtuna-Amulett

Der „Herr der Trolle" in diesem um ca. 1100 n.Chr. angefertigten Amulett ist wieder der Tyr-Riese.

Troll des Wund-Fiebers,
Herr der Trolle,
fliehe, denn Du bist gefunden worden!

I 7. c)   Zusammenfassung

Auch Tyr als der gefürchtete (und von Thor getötete) Jenseits-Riese wurde zu einem Krankheitsbringer umgedeutet.

I 8.   Die Krankheits-Geister

I 8. a)   Jakob Grimm: Deutsche Mythologie

1.   Krankheits-Geister allgemein

Aus der Jenseitsgöttin (Hel, Nornen, Walküren) und zu einem deutlich geringeren Teil aus auch dem Jenseits-Riesen (Tyr) hat sich die Vorstellung von Krankheits-Geistern entwickelt, die aufgrund ihres Ursprungs meistens weiblich sind.

Christlich war es, die sucht für schickung gottes, heidnisch, sie für einwirkung der geister und etwas elbisches zu halten. Sie wird darum auch personificiert; sie stößt an, füllt an, überfällt, überlauft, packt, greift an, überwältigt den menschen: δαίμων επέχραε, στυγερός δέ οι έχραε δαίμων. Es heißt: ›mid suhtium bifangan, bedrogan hebbiad sie dernea wihti. thea wrêdon habbiad sie giwittiu benumune‹. ›fugit pestis ab homine, quam daemon saevus miserat‹.

Kein wunder daß den krankheiten, wie lebendigen wesen, in der edda ein eid abgefordert wurde, Balder nicht zu schädigen. gleich dem tod und schicksal nimmt die seuche weg, ›suht farnam‹; bei der schwedischen betheurung trå mig! ist tage zu verstehn: ita me morbus auferat! ich finde die redensart: ›eine suht ligen, zwû suht ligen‹. ›sich in die suht legen‹.

Die dämonische natur der krankheiten macht, daß man ihnen, gerade wie unheimlichen gefürchteten thieren, um sie abzuwenden freundliche, schmeichelnde namen beilegt und sich hütet ihren rechten auszusprechen, so heißt es das gute, das gesegnete, das selige oder die seuche wird gevatterin angeredet. mehr beispiele werden bei den einzelnen krankheiten anzuführen sein.

Fieber, althochdeutsch fiebar, angelsächsisch fefor, gothisch heitô in Matthäus 8, 15. brinnô in Marcus 1, 31. und Lucas 4, 38, beide für πυρετός, und beide weiblich; kein entsprechendes althochdeutsches hîzâ, prinnâ. in der Schweiz hitz und brand für fieber, auch das angelsächsische âdl scheint hitziges fieber, von âd ignis zu leiten, würde also althochdeutsch eital lauten. althochdeutsch rito (masculinum) von rîtan (reiten), nicht von rîdan (torquere), weil das fieber nicht, wie der krampf, verdreht, und angelsächsisch rida (nicht vriđa) geschrieben werden muß, Lye hat riderođ (febris). Es wird wie ein alb betrachtet, der den menschen reitet, rüttelt und schüttelt ›der alp zoumet dich‹, ›der mar rîtet dich‹; altnordisch ›mara trađ hann‹; ›der rite bestuont in‹.

›Suht, fieber, rite‹ werden neben einander genannt, also unterschieden: ›suht und rite‹, ›suht und fieber‹ und ›diu minne tuot kalt und heiz mêr dan der viertage rite‹ (febris quartana); ›habe den riden und die suht umb dînen hals!‹; ›die suht an iwern

lôsen kragen!‹; ›nu muoze der leide ride vellen!‹ rite scheint vorzüglich das kalte fieber (Schüttelfrost), *was sonst auch der frörer heißt, wiewol von* ›ritten frost‹ *und* ›ritten hitze‹ *die rede ist. im 15. und 16. jahrhundert waren gemeine verwünschungen:* ›daß dich der ritt schütte, der jarritt (das ein jahr lang dauernde fieber), der gæhe rite gehe dich an!‹; ›das dich der ritt in die knoden schütt!‹; ›ins ritt namen habt rhu!‹. *man sagte:* ›wo führt ihn der ritt her?‹ *wie der teufel.*

Merkwürdig ist Boners gut erzählte fabel, worin der rite persönlich (aber wie gestaltet?) auftritt und sich mit dem floh unterredet: sie ist deutlich erst im mittelalter erfunden. Petrarch erzählt sie von der spinne und dem podagra, und nennt sie anilis fabella.

In Baiern wird das fieber als beutelmann (der beutelt, schüttelt) personificiert; in einem fiebersegen werden 72 fieber angenommen.

Nach dem russischen volksglauben gibt es neun schwestern, die das menschliche geschlecht mit fiebern plagen und in erdhölen an ketten gefesselt liegen: los gelassen fallen sie ohne gnade über die leute her. Jene auslegung erlangt sicherheit durch die ehstnische redensart ›ajan walged, ajan halli‹ *(ich reite den weißen, ich reite den grauen) d. i. ich habe das kalte fieber.*

Den Griechen war επιάλτης, εφιάλτης *wörtlich aufspringer, ein dämonischer incubus, alb, der das nächtliche, fieberhafte alpdrücken verursacht. gleichviel ist* ηπιάλης, ηπιόλης *alp, und* ηπίαλος, ηπίολος *fieber, fieberfrost, ausdrücke, welche die grammatiker durch verschiedene betonung zu sondern trachteten. es kommt dazu, daß* ηπίολος *bei Aristoteles wiederum schmetterling, papilio bedeutet, die begriffe geist, alb und schmetterling aber vielfach in einander aufgehn.*

Lithauisch ist drugis schmetterling und fiebervogel, lettisch drudsis fliegende motte und fieber. litthauisch druggis kreczia, lettisch drudsis kratta, das fieber schüttelt.

Eine angelsächsische handschrift von krankheiten und heilmitteln hat älfâdle læcedôm (arznei wider die elbkrankheit), älfcynnesealf (elbsalbe) und nihtgengean sealf (nachtfrauensalbe). sonst finde ich auch eine krankheit älfsîdenne.

Unter dem rothen und weißen hund wird man masern oder rötheln sich zu denken haben, auch im Leipziger avanturier: der rothe hund.

Die Perser nennen das scharlachfieber al und stellen es sich vor als rosenrothes mädchen mit flammenlocken.

Unter gicht verstehn wir gliederweh, arthritis, die ältere sprache braucht es neutral: ›daz gegihte brichet sie‹; ›daz gegihte brach ir hend und füeze‹; *daher gichtbrüchig.* ›daz wüetende gihte‹. *da man auch darmgicht für colik findet, und sungiht gehen und wenden der sonne bezeichnet, so scheint mir gicht allgemein das gehen, wenden und reißen des schmerzens im leib zu bezeichnen und dem gothischen gahts vergleichbar. mittelniederländisch jicht, isländisch ikt, schwedisch gikt, dänisch gigt. gothisch ist usliþa* παραλυτικός, *gleichsam aus den gliedern gesetzt, seiner glieder nicht mächtig; kein althochdeutsches urlido.* ›ein siechtuom heizet pôgrât‹ *aus podagra,*

27

das man auch in podagram verdrehte, entstellt. deutscher ist fuozsuht, angelsächsisch fôtâdl (podagra); zipperlein finde ich nicht vor dem 16. jahrhundert. mittelniederländisch fledersîn, fledercine (arthritis) leven van Jesus und ›fledersîn in vote ende in lede‹; im woordenboeck von d'Arsy fledecijn, flerecijn la goutte (chiragra). meint das wort einen flatternden, die krankheit erregenden schmetterling?

Die herumziehende, an keiner bestimmten stelle haftende, fliegende gicht (arthritis vaga) wurde wenigstens noch im 17. jahrhundert in Norddeutschland (Holstein, an der Ostsee) dat varende, lopende deer (das fahrende, laufende thier) genannt, in andern niedersächsischen und westfälischen gegenden de varen, de varende, de lopende varen, d. h. die fahrenden, umlaufenden, gehenden (geister oder dinger).

Die krankheit galt also wiederum für ein in den leib gewiesenes, gezaubertes geisterthierisches wesen.

Noch deutlicher ist die benennung ›die fliegenden elbe‹, ›die gute kinderen‹ (im Braunschweigischen) ›die gute holde‹ (im Göttingischen), gerade wie die von den hexen eingezauberten elbischen dinger heißen. gedacht wurden sie gleichfalls wie schmetterlinge oder würmer gestaltet, welche nagenden schmerz und geschwulst ›an den gleichen (articulis) oder gewerben‹ der hände und füße hervorbringen sollten. Weil die krankheit hartnäckig und oft schwer zu heilen ist, pflegte sie das gemeine volk dem einfluß der hexen zuzuschreiben. sie heißt auch der haarwurm, und in den Niederlanden die springende gicht. In einem segen wird unterschieden laufend gegicht, anhaltend gegicht, zitternd gegicht, abend gegicht, das werde gegicht.

Die einwirkung der holden muß aber viel manigfalter gewesen sein und auf mehrere krankheiten bezogen werden. von dem Hollenzopf, Wichtelzopf, der plica, war schon die rede. rußisch heißt der weichselzopf volosetz, was an Volos rührt, aber von volos vlas haar kommt.

Eine hexe bekannte, daß es neunerlei holdichen gebe: ritende, splitende, blasende, zehrende, fliegende, schwillende, taube, stumme, blinde.

Auch die Polen nennen biale ludzie (weiße leute, d. h. elbe) würmer, die in den menschen krankheiten verursachen.

Eine brennende geschwulst am fingernagel (παρωνηχίς) heißt der wurm, der umlaufende wurm, das ungenannte (weil man den namen des wesens auszusprechen scheut), das böse ding. englisch ringworm, schottisch ringwood, bei Chambers sind zwei beschwörungsformeln mitgetheilt.

Fluß (rheuma) wird von mehrern krankhaften zufällen gebraucht, leichteren und lebensgefährlichen, z. b. stickfluß, schlagfluß (apoplexia). der schlag rührt, trift, schlägt. mittelhoichdeutsch der gotes slac. später: die gewalt gottes, die hand gottes. ›traf mich gottes gewalt‹ (rührte mich der schlag). gottes schlag bezeichnet aber auch das schnelle und sanfte dieser todesart (mors lenis repentina), im gegensatz zu den auf schmerzenvolles lager lange fesselnden krankheiten. darum sagte man auch für apoplexie ›das selig‹.

Vergleichbar der zwergschlag, dvergslagr, lähmung.

Die Böhmen unterscheiden zwischen bozj moc (gottes macht) epilepsie und bozj ruka (gottes hand) apoplexie.

Die fallende sucht (epilepsia), valjandia suht (caducum morbum); daz fallende übel. fallender siechtag. sonst auch: der jammer, das elend, die schwere noth, das böse wesen, die staupe, das unkraut. mittelniederländisch vallende evel, neuniederländisch vallende ziekte, sint Jans evel, grôt evel, gramschap goods. ›daß dich die gnücken rühre!‹. gnuk ist niederdeutsch ein stoß. ›der tropf hat ihn gerürt‹, d. h. der schlag. mittellateinisch gutta, gutta cadiva, altfranzösisch la goute; cheent de gote. durch halten der plumpe in der hand erregt.

Es kommt eine besondere art des tropfs unter dem namen nesch oder neschtropf vor. im schwäbischen wörterbuch hat aus einer handschrift näsch für schlucken, schluchzen singultus, den man wol gleich dem niesen für einen gelinden schlagfall hielt, auch bei Popowitsch ist noschen für schluchzen aufgeführt und althochdeutsch findet sich nescazan neben fnescazan singultire.

Ich leite alles vom gothischen hnasqus mollis, delicatus, angelsächsischen hnesc, wozu auch althochdeutsch hnascôn, naseôn, neuhochdeutsch naschen catillare gehört. in Mones wird ein nöschsegen mitgetheilt und nöschtropf für die laufende gicht erklärt; es heißt: ›ich gebeut dir nösch mit allen deinen gesellen, dann mit dir ist der stech und der krampf und gespat und geschoß und geicht und gesicht‹. ein weiterer nöschsegen spricht von 77 nöschen: ›wir wend gohn in das haus des menschen und ihm sein blut saugen und sein bein nagen und sein fleisch essen‹. sie werden in einen dürren baum gebannt. hier scheint ein heftigeres, längeres übel als der schlucken gemeint; Mone stellt nösch zum nesso der altsächsischen formel, doch entspricht niederdeutsch SS dem hd. HS, nicht dem SK, SCH; mir scheint der zusammenhang des worts mit naschen, wie man ihn auch auslege, unabweislich: ›sô dich diu suht benasche, daz dir hût und hâr abe gê!‹

2. einzelne Krankheits-Geister

Viele andere krankheitsnamen lasse ich unangeführt, eine noch größere menge wird meiner samlung entgangen sein. es kam mir darauf an, aus diesem verachteten reichthum unserer sprache solche beispiele zu heben, welche erkennen lassen, wie das volk mythische vorstellungen mit dem ursprung der krankheiten verband. gleich andern übeln schienen sie ihm durch götter, geister und zauberer verhängt und verursacht, ja selbst lebendige, feindselige wesen geworden.

Manches ist dunkel: was bedeutet ülfheit, jene seuche über alle seuchen? was das hauptgeschein?

Es steht aber ›ir habt daz houbtgeschîde‹ (:vermîde) und scheint unsinn, bethörung darunter gemeint. wäre hauptschein recht, ich erklärte nach dem althochdeutschen houbetskîmo (capitis radii); denn es ist die krankheit, wobei einem schein oder nebel um das haupt entsteht, daß er alle dinge doppelt sieht, Hans Sachs nennt es der plerr, augenplerr und wir sagen noch heute: die blerr kriegen, vor staunen verwirrt sein. solche doppelsichtigkeit soll der genuß des kerbels bewirken.

Ein finnisches lied läßt von Launawatar (Kalevala) Louhiatar, einer alten frau, neun knaben (wie jene neun holden) geboren werden: werwolf, schlange, risi(?), eidechse, nachtmar, gliedschmerz, gichtschmerz, milzstechen, bauchgrimmen. diese krankheiten sind also geschwister verderblicher ungeheuer; in dem lied wird dann die letzte derselben hervorgehoben und beschworen.

Die Neugriechen stellen die blattern dar als kinderschreckende frau, welche sie συγχωρεμένη (die schonende, erbittliche, vergleiche jene altnordische Eir) oder noch gewöhnlicher ευλογία (die zu rühmende, segnende) euphemistisch nennen.

Noch eine seuche muß genannt werden, die schon das frühe Mittelalter dämonischen, teuflischen einflüssen beimaß. zum grund lege ich eine stelle aus der vita Caesarii arelatensis († 542), welche von seinen schülern Cyprianus, Messianus und Stephanus verfaßt sein soll:

> *ille autem quid infirmitatis haberet? interrogavit. dixerunt, daemonium, quod rustici Dianam appellant, quae sic affligitur, ut paene omnibus noctibus assidue caedatur, et saepe etiam in ecclesiam ducitur inter duos viros ut maneat, et sic flagris diabolicis occulte fatigatur, ut vox continua ejus audiatur ... ... oculis meis vidi plagas, quas ante aliquos dies in dorsum et in scapulas acceperat, in sanitatem venire, pridianas autem et in ipsa nocte impressas recentes inter illas intextas, quas prius perpessa fuerat.*

> *cum de cultura rediret, subito inter manus delapsa comitantium terrae corruit, ligataque lingua nullum verbum ex ore potens proferre obmutuit. interea accedentibus accolis ac dicentibus eam meridiani daemonis incursum pati, ligamina herbarum atque incantationum verba proferebant.*

Noch andere stellen bei Ducange: daemon meridianus und dieser name scheint aus psalm 90, 6 entsprungen, wo mittetagigo tiefel verdeutscht, griechischen schriftstellern heißt er μεσημβρινὸς δαίμων, die krankheit muß epileptischer natur gewesen sein. von den Böhmen wird sie polednice (meridiana), den Polen aber Dziewanna genannt, was wieder Diana ist, und da Diana oft mit Holda zusammenfällt, so kann nicht übersehn werden, daß auch diese göttin gern in der mittagstunde erscheint und die weißen frauen sich zu derselben zeit zeigen, welchen Berhta gleich steht. die seuche darf also göttlicher elbischer einwirkung beigemessen werden.

Daß hier Holda und Berhta eingreifen ist aus andern gründen schon gefolgert worden, wo von der roggenmuhme und dem kornweib die rede war, welche gleich der wendischen pschipołnitza zu mittag durchs getraide zieht. einige nennen sie pschi-połonza, sie erscheint von 12 bis 1 uhr in haidegegenden den arbeitern, besonders weibern beim flachsjäten, ist weißgekleidet und redet vom flachsbau, wie er gesät, gezogen, bereitet und gesponnen werde; weibern, die ihr nicht antworten, soll sie den hals umgedreht haben; das volk fürchtet sie und ist froh, daß sie nun schon lange nicht mehr sich gezeigt hat.

Merkwürdig daß auch bei Gregor der dämon dem weib bei der feldarbeit erschien, sie stürzte zu boden, wie die russischen feldbauer vor der vidua lugens, die ihre beine zerbricht; was man in Gallien als geistige krankheit auffasste.

Aber in allen diesen schrecknissen ist die alte mütterliche gottheit der Heiden nicht zu verkennen.

Es versteht sich, daß auch bei thierkrankheiten geister walten. in einer altsäch-sischen formel wird der nesso mit seinen neun jungen beschworen aus fleisch und haut des sporlahmen rosses zu weichen.

Die wut des hundes (Tollwut) *soll von einem wurm herrühren, der ihm unter der zunge sitzt: dieser tollwurm kann ausgeschnitten werden.*

Eine pferdekrankheit heißt der blâsende wurm, was an die blasenden holden erin-nert.

Eine andere krankheit der pferde oder rinder heißt die hünsche – milzbrand oder kalte geschwulst, sonst auch ›der böse wind‹ genannt, in Niederhessen der geschwoll-ne euter der kuh, wo dagegen folgender segen gemurmelt wird:

> *die hünsche und der drache*
> *die giengen üher die bache:*
> *die hünsche die vertrank (al. verschwank = verschwand),*
> *der drache der versank.*

Ein segen beginnt: ›es giengen drei seliger junkfrauen über einen hüntschen berg, da begegnet ihnen die hüntschen, die eine sprach, die hüntsche ist da‹. allerdings scheint dieser name das althochdeutsche adjectiv hûnisc, mittelhochdeutsch hiunisch zu enthalten und man darf an riesen oder Hunnen denken, für ersteres entschiede der hünische berg, wenn ein riesenberg gemeint ist. Adelung schreibt der hintsch und deutet keichen. eine niederdeutsche formel setzt für hünsche slîe (schleihe, tinca). Nach dem volksglauben kann die hexe ihre elbe oder holden sowol in menschen als thiere zaubern.

Metil heißt den Serben eine unheilbare krankheit der schafe. sie erzählen, daß die Deutschen einmal den teufel gefangen und nach einem mittel gegen das metil gefragt hätten. der teufel sagte: wenn alle schafe bis auf eins umgekommen seien, solle man

das übrig bleibende um die hürde tragen, dann werde, außer ihm, keins mehr ver-
recken. Übrigens soll man das erste gefalle vieh verscharren und ein weidenreis auf
dem hügel pflanzen.

3. Pest

Ich habe bis zuletzt verspart von der pest und den vielfachen überlieferungen zu
reden, die sich an ihr erscheinen knüpfen. wann nach großen überschwemmungen
feuchte nebel und schwüle dünste die luft vergiften, bricht sie plötzlich aus und ver-
breitet sich unaufhaltsam über die erde.

Dem griechischen λοιμός entspricht auch im genus das althochdeutsche sterpo,
scelmo (mittelhochdeutsch schelme), scalmo, fihusterbo, altnordisch skelmisdrep oder
nur drep; althochdeutsch wuol, angelsächsisch vôl, genitiv vôles. die lateinische
benennungen pestis, lues sind weiblich, wie das serbische kuga, morija. masculinum
aber das böhmische und polnische mor, litthauisch maras, lettisch mehris. das
serbische und slovenische kuga ist das mittelniederländische koghe, ja in einem
mittelhochdeutschen gedicht steht koge. man sagte mittelhochdeutsch der gâhe tôt
Wiga.; neuniederländisch gâdôt. aber auch der große tôd, schwedisch digerdöden
(altnordisch digr crassus, tumidus), altnordisch svarti dauði, dänisch den sorte död,
der schwarze tod, vielleicht gar mit bezug auf Surtr.

Den Griechen sandten des zürnenden Apollo klingende pfeile die pest: schnell
sterbende männer tödtet Apollons, schnell sterbende frauen der Artemis geschoß;
vergleichbar ist der jüdische würgengel. Hermes, beschützer der heerde, trägt um sie,
seuchabwehrend, den widder; hernach trägt er ihn auch um die stadt κριοφόρος.
Jungfrauen wurden geopfert, der verheerenden krankheit einhalt zu thun. Nach
Plinius kann eine jungfrau mit aufgelegtem verbascum geschwulst (panos) heilen:
experti affirmavere plurimum referre, si virgo imponat nuda jejuna jejuno et manu
supina tangens dicat: ›negat Apollo pestem posse crescere, cui nuda virgo restin-
guat!‹ atque ita retrorsa manu ter dicat, totiesque despuant ambo.

Die formel ist von der schweren seuche auf die geringe übertragen: so wird auch
entkleidung der jungfrau bei abwendung der dürre und noch andremal erfordert.

Jener todesengel ist der Tod selbst, der seine leute abholt. Eine langobardische
sage redet von zwei engeln, einem guten und bösen, die das land durchziehen:

> *pari etiam modo haec pestilentia Ticinum quoque depopulata est, ita ut*
> *cunctis civibus per juga montium seu per diversa loca fugientibus in foro et*
> *per plateas civitatis herbae et fructeta nascerentur. tuncque visibiliter multis*
> *apparuit, quia bonus et malus angelus noctu per civitatem pergerent, et ex*

jussu noni angeli malus angelus, qui videbatur venabulum manu ferre, quotiens de venabulo ostium cujuscunque domus percussisset, tot de eadem domo die sequenti homines interirent. tunc per revelationem cuidam dictum est, quod pestis ipsa prius non quiesceret, quam in basilica beati Petri, quae ad vincula dicitur, sancti Sebastiani martyris altarium poneretur. factumque est, et delatis ab urbe Roma beati Sebastiani reliquiis, mox ut in jam dicta basilica altarium constitutum est, pestis ipsa quievit. (Paulus Diaconus)

Als im jahre 589 zu Rom der Tiber ausgetreten und eine seuche entsprungen war, die viele menschen rafte, ordnete der heilige Gregor feierliche kreuztracht, achtzig leute stürzten ›allen gâhes‹ vor seinen füßen in der kirche nieder und starben; vom gebet sich aufrichtend ›sach er stên ûf dem Dietriches hûse einen engel mit pluotigem swerte, der wiskete daz selbe swert durch sînen gêren. do verstuont sich der heilige man, daz der êwige vater sînes zornes hin ze den liuten erwinden wolte‹.
 Gleich solchem todesengel zieht die nordische Hel mit ihrem rosse umher, es ist das auf dem kirchhof erscheinende todtenpferd.
 Nach einer voigtländischen überlieferung kommt die pest als blauer dunst, in gestalt einer wolke, gezogen. das bezeichnet jenen schwülen nebel, der seuchen voranzieht, und der blaue dunst gemahnt an des donnergottes feuer. Einst wütete die pest im Odenwald und zeigte sich als blaues flämmchen an der sacristei der stadtkirche zu Erbach, wo sie eingemauert wurde.

Fertur autem quod post direptum hoc idem figmentum (Apollinis simulachrum) incensa civitate (Seleucia) milites fanum scrutantes invenere foramen angustum: quo reserato ut pretiosum aliquid invenirent, ex adyto quodam concluso a Chaldaeorum arcanis labes primordialis exsiluit, quae insanabilium vi concepta morborum ejusdem Veri Marcique Antonini temporibus ab ipsis Persarum finibus ad usque Rhenum et Gallias cuncta contagiis polluebat et mortibus.

Auch im jahre 1709 wurde die pest zu Conitz in Preußen in ein loch der linde auf dem kirchhofe gebannt und ein dazu bereit gehaltner pflock, der genau fügte, eingeschlagen: seitdem hat sie sich nicht wieder im lande zeigen können. dies stimmt zum einpfählen der Unsælde und der maus, aber allgemein zu der vorstellung, daß krankheiten auf bäume übertragen werden können. das einschließen der seuche in tempel und kirche bezieht sich auf ihren ausgang von der gottheit.
 Augustinus stellt die pest als umschleichende frau dar, welche sich mit geld abfinden läßt: ›proverbium est punicum, quod quidem latine vobis dicam, quia punice non omnes nostis. punicum enim proverbium est antiquum: numum vult Pestilentia? duos illi da, et ducat se.‹

33

Als zu Justinians zeit die große pest wütete, sah man auf dem meer eherne barken, worin schwarze männer sonder haupt saßen: wohin sie fuhren begann die pest auszubrechen. in einer stadt von Ägypten waren von allen einwohnern nur sieben männer und ein zehnjähriger knabe übrig, sie wollten sich mit ihren schätzen retten, die männer fielen aber in einem hause vor dem thor todt hin, da floh der knabe allein, doch unter dem thor faßte ihn ein gespenst und schleppte ihn ins haus zurück. bald darauf kam der verwalter eines reichen mannes, um geräthe aus diesem hause zu holen, und der knabe warnte ihn fortzueilen: in demselben augenblick sank er mit dem knaben todt zu boden. so erzählt bischof Johannes.

Neugriechen denken sich die pest als blinde frau, welche die die städte von haus zu haus durchwandert, alles was sie berühren kann tödtend. sie geht aber tappend und tastend die mauern entlang, und wer sich vorsichtig in der mitte des gemachs hält, den kann sie nicht erreichen.

Nach einer andern volkssage sind es drei fürchterliche frauen, die in gesellschaft durch die städte ziehen, und sie verheeren, die erste ein großes papier, die andere scheeren, die dritte einen besen tragend. sie treten zusammen in das haus, wo sie schlachtopfer suchen: die erste schreibt die namen in ihr register ein, die zweite verwundet sie mit der scheere, die dritte kehrt sie weg. Hier sind die drei parzen oder furien und eumeniden todesgöttinnen geworden.

Schön ist das bretagnische lied ›bosen Elliant‹, die pest von Elliant bei Villemarqué. Ein müller, geht die sage, sah am furt des flusses eine weißgekleidete frau, mit dem stab in der hand, sitzen, die übergefahren sein wollte. er nahm sie aufs pferd und brachte sie hinüber. da sagte sie ›junger mann, weißt du auch, wen du überführtest? ich bin die Pest; schon habe ich meinen umgang durch Bretagne geendet, jetzt will ich in die kirche von Elliant zur messe und wen mein stab berührt, der wird schnell sterben, dir aber und deiner mutter soll kein leid geschehn.‹ so geschah es, alle leute in der burg starben, zwei ausgenommen, die arme witwe und ihr sohn.

Nach einem volkslied trägt er sie auf den schultern. aus einem einzigen haus werden neun kinder begraben, der kirchhof war angefüllt bis zu den mauern. ›neben dem kirchhof steht eine eiche, an ihren wipfel ist ein weißes tuch gebunden; die Pest hat alle leute hingerafft‹. Man vertrieb sie endlich damit daß man sie besang, als sie ihren namen in den liedern genannt und entdeckt sah, wich sie aus dem land und kehrte nimmer zurück. Das begehren überzufahren ist ganz wie bei der göttin Berhta oder bei elbischen wesen.

Von der litthauischen Giltine, der pest oder todesgöttin möchte ich ausführlicher sagen wissen. sie würgt erbarmungslos: ›kad tawe Giltine pasmaugtu!‹ (daß dich die pest würge!) ist ein bekannter fluch. aber auch Magila oder bloss diewe (göttin) heißt die litthauische pest und man flucht ›imma ji Magilos, imma ji diewai!‹ Aus dem polnischen Litthauen erzählt Adam Mickiewicz von der morowa dsiewica (pestjungfrau) folgendes:

34

kiedy zaraza Litwę ma uderzyé,
jéj przyjście wieszcza odgadnie zrzenica;
bo jeśli sljuszna waidelotom wierzyć,
nieraz na pustych smętarzach i bljoniach
staje widomie morowa dziewica
w bieliznie, z wiankiem ognistym na skroniach,
czoljem przenosi bialjowieskie drzewa
a w ręku chustką skrwawioną powiéwa.
Dziewica stąpa kroki zljowieszczemi
na siolja, zamki i bogate miasta;
a ile razy krwawe chustką skinie,
tyle palaców zmienia się w pustynie;
gdzie nogą stąpi, świézy grób wyrasta.

Woycicki nennt sie Powietrzc, was eigentlich luft, dunst, dann aber auch pest bedeutet. in weißem gewand auf stelzen schreitet sie einher, nennt sich einem manne, dem sie begegnet, und will auf seinen schultern durch ganz Reußen getragen sein: er selbst mitten unter den todten solle gesund bleiben. Der mann trägt sie nun durch städte und dörfer, wo sie mit dem tuche weht, stirbt alles dahin und vor ihnen fliehen alle menschen. Am Pruth dachte er sie zu ertränken und sprang in den strom, sie aber hob sich federleicht in die höhe und eilte in die waldgebirge, während der mann untergieng.

In einer andern erzählung heißt sie Dzuma (russisch und serbisch tschuma), solange sie herscht, stehn die dörfer öde, die hähne sind heiser und können nicht mehr krähen, die hunde bellen nicht mehr, doch wittern sie die Pest von weitem und knurren. Ein bauer sah sie in weißem gewande mit flatterndem haar über einen hohen zaun setzen und die leiter hinauf klimmen, um den heulenden hunden zu entgehn. rasch nähert er sich der leiter und stößt um, daß die Pest hinab unter die hunde fällt; da droht sie noch mit rache und verschwindet.

Die Dzuma fährt auch zuweilen auf einem wagen durch den wald, von gespenstern, eulen und uhus begleitet: dieser geisterzug heißt Homen. die Pest konnte jedoch nur bis zu neujahr dauern, dann ziehen die entflohnen menschen wieder in ihre häuser, hüten sich aber wol durch die thür einzugehn, sondern steigen durchs fenster.

Etwan in die mitte des 17. jahrhunderts fällt was Johann Parum Schulze, ein wendischer bauer meldet:

> Es ist so zugegangen, das ein man, wie es davon allezeit geredet ist worden, der ist gewesen und hat geheißen Niebuhr, da anitzo Kuffalen auf wohnen, welcher nachher Luchau ist gewesen, wie er von der stadt fahrt, kompt ein man bei ihm unter wegens, bittet ein wenig auf den wagen zu treten, spricht

er sei sehr müde. fragt ihn der Hans Niebuhr auf wendische, wie es zu der zeit die sprache gebräuchlich gewesen, wohin und her? und nimpt ihn auf den wagen. wil er vorerst sich nicht kund geben. dieser Niebuhr aber, was trunken, beginnet harter zu fragen. gibt er sich kund und spricht, ›ich will mit in deinen dorf, da bin ich noch nicht gewesen, denn ich bin der Pest‹.

Da bat dieser Niebuhr um sein lebent, gab der Pest ihm ein lehr, er solt ihn vor dorf stehen lassen mit dem wagen, und sich nackend ausziehen und überal kein kleid an seinem leibe haben, und sol sein kesselhaken nehmen, forne aus seim haus ausgehen mit der sonncn umb sein hof erumb laufen, den solte er unter die thürschwelle vergraben: ›wen nur niemand mir erein trägt‹, spricht der Pest, ›durch den geruch, die in des kranken kleider ist‹.

Der Niebuhr aber läßt ihn mit dem wagen eine gute ecke vom dorf, denn es war nachts; nahm den kesselhaken, lief nackend aus dem dorf und rund um und stak das eisen unter die brucken, welches zu anno 1690 ich selber gesehen habe, da die brück ist gebessert worden, aber von rost bald verzehrt. Wie dieser Niebuhr nach sein pferd und wagen kompt, sagt der Pest: ›het ich das gewust, solt ich dir das nicht kund gethan haben, das du ein solches in deinem sinn dich hast fürgenommen, und hast mir das ganze dorf zu gemacht‹. wie der Niebuhr vor dem dorf kompt, spant er seine pferde vom wagen und läßt ihn drauf sitzen. ist auch keine krankheit von pestilenz im dorf gespürt worden; sonsten in allen umliegenden dörfern hat die seuche heftig grassieret.

So weit Schulzes ungeschlachter, naiver bericht. Das wegschaffen des kesselhakens vom herde scheint auflassung des hauses auszudrücken: in leeren häusern hat der tod nichts zu holen. wie der abtretende, ausziehende eigenthümer symbolisch ›das haal auf dem herde nieder schürzet‹, so muß es der neue besitzergreifer ›aufschürzen‹. Das laufen um das haus, um das dorf gleicht jenem tragen des widders um die stadt, und die entkleidung stimmt zu dem römischen brauch.

Weil aber die Pest schlecht zu fuß ist, läßt sie sich auf dem wagen in das dorf einfahren, oder auf dem rücken, gleich hockenden hausgeistern und irwischen einschleppen.

Nach schwedischen sagen kam die Pest von süden her ins dorf, blieb vor dem ersten hof stehn und sah wie ein kleiner schöner knabe aus, der ein reibeisen (rifva) in der hand hatte und darauf rieb. wenn das geschah, blieb noch einer oder der andere im haus leben, da die reibe nicht alles mit sich wegnahm. kam er aber ins nächste dorf, so folgte hinter ihm die Pestjungfrau (pestflicka), die kehrte mit einem besen vor dem thor, dann starben alle im ganzen dorf. man erblickte sie aber nur sehr selten und immer bei tagesanbruch.

In Vestergötland beschloß man gegen den digerdöd ein menschenopfer, und zwei arme bettelkinder, die gerade daher gegangen kamen, sollten lebendig in die erde gegraben werden. man warf schnell die grube auf, gab den kindern, die hungrig waren, schmalz auf kuchen und ließ sie sich nieder setzen: während sie aßen, schaufelte das volk die erde in die höhe. ›ach‹, rief das kleine kind, als die erste schaufel über es geworfen ward, ›da fiel mir erde auf mein schmalzbrot‹. der hügel wurde über den kindern zusammen geworfen und man hörte nichts weiter von ihnen. Hierzu halte man das einmauern der kinder in die grundfeste des neuen baus und das opfer der jungen kuh im heiligen feuer bei viehsterben.

In Norwegen stellt man sich die ›Pesta‹ vor als alte, bleiche frau, die im land umfuhr mit einer reibe (rive, einem gezahnten werkzeug, womit erde oder heu und getraide auseinander gezogen wird) und einem besen (lime); wo sie die reibe brauchte, kamen einzelne mit dem leben davon, wo sie aber mit dem besen fegte, starb jede mutterseele.

Zu einem mann, der sie über ein kleines wasser setzte, und bezahlung forderte, sagte sie, ›daheim auf der bank wirst du dein fergegeld (Fährmann-Geld) finden‹, kaum war er nach haus gelangt, so siechte er und starb alsogleich.

Oft erscheint sie auch in rothem kleid und wer sie schaut, geräth in angst.

Die Serben sagen, Kuga sei eine leibhafte frau, die in weißen schleier gehüllt gehe, viele haben sie so gesehn, einige getragen. sie kam zu einem menschen aufs feld oder begegnete ihm unterwegs und sagte: ›ich bin die Kuga, trag mich dort hin!‹ der mann nahm sie huckepack und trug sie ohne mühe dahin wo sie wollte. Die Kugen (pesten) haben ihr land beim meer, aber gott schickt sie, wenn die leute übel thun und viel sündigen. Zur zeit wo die pest würgt, nennt man sie nicht kuga, sondern kuma (gevatterin), um sie geneigt zu machen. dann wagt man auch nicht, abends ungewaschene gefäße stehn zu lassen, denn nachts geht sie durch die küche, und wo sie dergleichen erblickt, scheuert und fegt sie alle löffel und schüsseln (und wird dadurch im haus aufgehalten), zuweilen trägt sie auch den speck aus dem boden weg.

Hier erscheint sie wiederum nach art der alten göttinnen, unserer Holda und Berhta, die keine unordnung im haushalt leiden.

Den Slovenen ist die viehseuche (kuga) ein scheckiges kalb, das durch sein geschrei rinder und schafe tödtet.

Der teufel soll gesagt haben, gegen die kuga gebe es nur ein mittel, hacke und haue d. h. begräbnis.

Ein finnisches lied beschwört die Pest schnell fortzuwandern in stahlharte berge, in den dunkeln Norden: reisepferd und wagenpferd soll ihr dazu gegeben werden. Sie heißt rutto, die plötzliche, wie jenes mittelhochdeutsche der gâhe tôt.

Man hat in Niederdeutschland volkssagen von dem Heidmann, welcher nachts den leuten in das fenster hineinguckt: wen er dann ansieht, der muß im jahr und tag sterben, gerade so schaut Berhta ins fenster oder der Tod. auch in Tirol erzählt man vom gespenst, das in sterbenszeiten umgeht: zu welchem fenster es einschaut, in dem *hause sterben die leute.*

In der Lausitz schleicht Smertnitza weißgestaltet in den dörfern um: auf welches haus sie ihren schritt kehrt, da gibt es bald eine leiche. im hause selbst thut sie ihre gegenwart kund durch pochen und bretwerfen. zuckungen sterbender sind kennzeichen, daß sich Smertnitza ihrer bemächtige.

Es kann im mindesten nicht zweifelhaft bleiben, daß alle diese verschiedenartigen personificationen der pest als ausflüsse höherer gottheiten des alterthums zu betrachten sind, deren mitleidige und furchtbare gewalt dabei wechselsweise vortritt. weißgeschleiert schreiten sie einher gleich Berhta und der zu mittag im getraide wandelnden mutter. pestjungfrau und schicksalsjungfrau berühren sich nahe, morowa dziewica und Marena, Morena, die versehrende göttin und die heilende, schonende Eir.

I 8. b) Zusammenfassung

Aus der Todesgöttin Hel und dem Tyr-Riesen als Krankheitsbringern wurde nach und nach eine Vielzahl von Krankheitsgeistern, die meistens ihre ursprüngliche menschliche Gestalt behielten. So ist z.B. die „alte Pest-Frau" ohne Mühe als Hel wiederzuerkennen.

I 9. Krankheits-Zauber

I 9. a) Bandaman-Saga

Krankheiten wurden den damaligen Vorstellungen zufolge manchmal auch durch Magie verursacht – zwischen der Magie eines lebenden Zauberers und der Magie eines Geistes bestand schließlich kein prinzipieller Unterschied.

Als sie jedoch nach Valfell gelangten, hörten sie etwas auf dem Hügel, das wie eine Bogensehne klang. Daraufhin überkam Hermund eine Krankheit und ein Schmerz unter seinem Arm und sie mußten umkehren und die Krankheit setzte ihm sehr zu. Als sie in Thorgaut-Statt angelangt waren, mußten sie ihn herabheben.

Da ließen sie einen Priester aus Sidamuli holen, aber als er kam, war Hermund schon ohne Sprache. Da blieb der Priester bei ihm und einmal, als der Priester ihn anschaute, kam ein Murmeln über seine Lippen: „Zweihundert in der Schlucht, zweihundert in der Schlucht." Damit gab er seinen Geist auf und so endeten seine Lebenstage, so wie hier berichtet wird.

I 9. b) Die Saga über Thorstein Viking-Sohn

In dieser Saga gibt es ein magisches Trinkhorn, daß Lepra verursachen kann.

Kol der Bucklige hatte drei Schätze. Diese waren ein so mächtiges Schwert, daß zu jener Zeit von niemandem ein besseres geschwungen wurde, und dieses Schwert hieß Angervadil; der nächste war ein Goldring, der Gleser genannt wurde; der dritte war ein Horn und der Trank in seinem unteren Teil war solchermaßen beschaffen, daß jeder, der von ihm trank, von der Krankheit befallen wurde, die man Lepra nennt, und so vergeßlich wurde, daß er nichts mehr von der Vergangenheit erinnern konnte – wenn man jedoch von dem oberen Teil des Hornes trank, wurde die Gesundheit und die Erinnerung wiederhergestellt.

... ...

An demselben Tag landete Viking auf der Insel und er ging an Land um es sich gutgehen zu lassen. Er wandte seine Schritte zu einem Wald und ihm wurde sehr heiß.

Als er zu einer Lichtung in dem Wald gekommen war, ließ er sich nieder und sah eine Frau von auserlesener Schönheit dahergehen.

Sie kam zu ihm, grüßte ihn sehr sehr höflich und er empfing sie sehr freundlich. Sie sprachen lange Zeit zusammen und ihre Unterhaltung wurde sehr freundschaftlich.

Er frug sie nach ihrem Namen und sie nannte sich Solbiart („Sonnenlicht"). Sie frug, ob er nicht durstig sei, da er so weit gewandert sei, aber Viking sagte, daß er das nicht sei. Da nahm sie ein Horn, das sie unter ihrem Umhang bei sich trug, und bot ihm einen Trunk an, den er annahm.

Als er davon getrunken hatte, wurde er schläfrig und beugte seinen Leib in den Schoß der Solbiart und schlief ein.

Doch als er wieder erwachte, war sie fort. Er fühlte sich durch den Trunk etwas seltsam und sein ganzer Körper zitterte. Das Wetter war windig und kalt geworden und hatte fast alles aus seiner Vergangenheit vergessen – und am wenigsten konnte er sich an Hunvor erinnern.

Da ging er zu seinem Schiff und fuhr von diesem Ort fort und mußte auf seinem Lager liegen, da er die Krankheit, die man Lepra nennt, bekommen hatte.

... ...

Sieben Nächte waren vergangen, seitdem Lit Halfdan getroffen und ihm das Horn gebracht hatte. Dies machte Halfdan sehr glücklich und er ging zu Viking, von dem fast alle dachten, daß er dem Tod nicht mehr fern sei.

Halfdan flößte einen Tropfen von der Flüssigkeit von dem oberen Teil des Hornes zwischen Vikings Lippen. Dies brachte Viking wieder zu Bewußtsein. Er wurde wieder stärker und war wie ein Mensch, der aus einem Schlummer erwacht ist, und die Unreinheit fiel von ihm wie Schuppen von einem Fisch. So ging es ihm Tag für Tag besser und er wurde wieder ganz gesund.

I 9. c) Die Saga über Sturlaug den Mühen-Beladenen

Hier findet sich ein ganz ähnliches Motiv:

Franmar ging zu seinem Schiff und nahm Kurs auf einige Inseln, die nahe an der Küste lagen. Da ließ Franmar sie das Sonnensegel (die Zeltplane auf dem Schiff) hissen.

Dann verkleidete Franmar sich als Händler und ging zu der Halle und frug, ob er den Winter über dort bleiben könne. Der König gewährte ihm die Erfüllung seiner Bitte und er nannte sich Gest. Er suchte oft nach einer Gelegenheit, um in das Frauenhaus der Königstochter zu gelangen, aber es gelang ihm nie.

Eines Tages, als er die Halle verließ und eine Straße entlangging, geschah es, daß Stimen aus der Erde neben ihm heraufdringen hörte. Da entdeckte er den Eingang zu einer unterirdischen Kammer und als er hineinging, sah er drei Zauberer.

Da sagte er: „Es ist gut, daß wir uns getroffen haben. Ich werde dem König über euch berichten!"

Da sprachen sie: „Tue das nicht, Franmar! Wir wollen für alles für Dich tun, egal, was es auch sein mag!"

Da antwortete Franmar: „Dann belegt mich mit Lepra, aber in einer Weise, daß ich wieder gesund werde, sobald ich das will."

„So soll es sein," sagten sie, „das ist keine Schwierigkeit für uns."

Sie verwandelten sein ganzes Fleisch so, daß er von Kopf bis Fuß nur noch Schorf und Grind war. Da ging er fort und ging zu dem Frauenhaus der Königstochter und setzte sich vor den Zaun.

Die Königstochter Ingigerd sandte einer ihrer Kammerzofen zur Halle, doch als die Kammerzofe diesen armen Mann sah, kehrte sie um und berichtete der Königstochter über diesen Mann, „und er braucht unsere Hilfe."

Da gingen sie zu dem Zaun und die Königstochter blickte den armen Mann lange Zeit an, da sie noch nie so etwas gesehen hatten – so übel hatte ihn die Krankheit befallen.

Die Königstochter sprach: „Du bist ist in einem üblen Zustand und sehr arm – aber trotzdem mußt Du Dir schon mehr einfallen lassen als das, um mich zu täuschen, denn ich kann erkennen, daß Du Franmar bist, solange Du noch gesunde Augen in Deinem Kopf hast, egal, mit welchen abscheulichen Zaubersprüchen Du Dich selber belegst!"

Da ging sie zurück in ihr Frauenhaus, während Franmar zu den Zauberern zurückkehrte, die die Krankheit wieder von ihm entfernten.

I 9. d)   Högstena-Amulett

Die Inschrift auf diesem um ca. 1050 n.Chr. hergestellten Amulett ist sowohl ein Schutzzauber als auch ein Fluch gegen Feinde – es schützt vor Krankheiten, die durch eine Zauberin verursacht werden, und belegt diese Angreiferin mit einer Krankheit. Diese Inschrift enthält ein ziemlich derbes Wort für die Frau, die die Krankheit verursacht.

Gegen den Magie-Ausübenden,
gegen den Gehenden,
gegen den Reitenden,
gegen den Rennenden,
gegen den Segelnden,
gegen den Wandernden,
gegen den Fliegenden:

Die Votze soll in völliger Verzweiflung sterben!

Die Verursacherin der Krankheit ist eine Hexe, die u.a. fliegen kann.

I 9. e) Jakob Grimm: Deutsche Mythologie

Ein schwedisches lied nennt die Helge Thors källa in Småland, aus der man in der heiligen donnerstagsnacht wasser schöpft, welches blindheit heilt.

... ...

Einzelnen krankheiten wird die heilende sache, als im streit begriffen, entgegengestellt: ›de ros un de wied, de stan in strid, de ros verswann, de wied gewann‹: oder ›de flecht un de wied, de krakeelten sik; de wied de gewünn, un de flecht verswünn‹; oder ›de flockasch (flugasche) un de flechte, de flogen wol over dat wilde meer; de flockasch de kam wedder, de flechte nimmermeer‹.

... ...

Wundern heißt übernatürliche kräfte heilsam, zaubern sie schädlich oder unbefugt wirken lassen, das wunder ist göttlich, der zauber teuflisch; erst den gesunkenen, verachteten göttern hat man zauberei zugeschrieben.

Mittelwesen zwischen ihnen und menschen, vielkundige riesen, listige elbe und zwerge zaubern; nur scheint ihre fertigkeit mehr angeboren, stillstehend, keine errungne kunst.

Der mensch kann heilen oder vergiften, indem er natürliche kräfte zum guten oder bösen anwendet; er wird zuweilen der wundergabe theilhaftig, wenn er aber den heilbringenden gebrauch seiner kräfte zum natürlichen steigert, lernt er zaubern.

Wunder geht mit rechten dingen, zauber mit unrechten zu, jenes ist geheuer, dieser ungeheuer. unmittelbar aus den heiligsten, das gesamte wissen des heidenthums in sich begreifenden geschäften, gottesdienst und dichtkunst, muß zugleich aller zauberei ursprung geleitet werden. opfern und singen tritt über in die vorstellung von zaubern; priester und dichter, vertraute der götter und göttlicher eingebung theilhaft, grenzen an weissager und zauberer.

I 9. f) Zusammenfassung

> Krankheiten können durch die Magie von Geistern, aber auch durch die Magie von Hexen und Zauberern verursacht werden.

I 10.   Heiler

I 10. a)   Die sehr hilfreichen Aussprüche des Weisen

Für die Heilung werden oft Spezialisten benötigt:

Der Kluge läßt den Heiler rufen,
wenn er seine Gesundheit
zurückerlangen will.

I 10. b)   Jakob Grimm: Deutsche Mythologie

1. Arzt-Namen

Ein arzt hieß gothisch lêkeis, althochdeutsch lâhhî, angelsächisch læce, altnordisch læknir, læknari, schwedisch läkare, dänisch läge; das englische leech ist zum begrif eines bauern oder vieharztes herabgesunken. das mittelhochdeutsche lâchenære, lâchenærinne drückt zauberer, zauberin aus, vielleicht noch mit dem gedanken an heilmittel, vergleiche ›lâchenen und fürsehen‹.

Von den Deutschen hat sich dieses wort schon in früher zeit den Slaven, Litthauern und Finnen mitgetheilt: altslawisch und böhmisch lekar', serbisch ljekar polnisch lekarz, litthauisch lekorus, finnisch lääkäri; oder hätten die Deutschen es von den Slaven her?

Eine deutsche wurzel habe ich nachzuweisen gesucht, eine slavische scheint mir schwieriger. dem slavischen ljek, lek (remedium) entspricht unser althochdeutsches lâhhan. Andere benennungen sind vom begrif des helfens, besserns hergenommen, vergleiche betan, böten, mederi; altnordisch grœða (sanare) grœðari (chirurgus, medicus) von grôð (lucrum, auxilium); mittelhochdeutsch heilære (medicus).

Aber schon althochdeutsch arzât, mittelhochdeutsch arzet, neuhochdeutsch arzt. mittelniederländisch ersetre. altfranzösisch artous, artox; wurzel scheint das lateinische ars, obgleich arzât nicht unmittelbar aus artista erklärbar.

Das provenzialische metges, mege, altfranzösisch mires, mirre sind aus medicus. Jenes altnordische lif ist besser zu schreiben lyf, denn es entspricht dem gothischen lubi (das ich aus lubjaleisei φαρμακεία entnehme), althochdeutsch luppi, mittelhochdeutsch lüppe; aus der bedeutung des erlaubten heilsamen φάρμακον gieng hernach die des schädlichen, zauberhaften hervor, wie auch gift ursprünglich gabe, donum, dann venenum ausdrückte. dem luppari (veneficus) steht die lupparâ (venefica) zur seite, dem kräutermann die kräuterfrau, herbaria, pharmaceutria. bei Saxo grammaticus heilt eine jungfrau wunden und er nennt Wecha medica, andere beispiele heilender frauen hat Thorlacius gesammelt.

I 10. c) Zusammenfassung

Der ursprüngliche germanische Begriff für den Heiler ist auch der Begriff für „Zauberer". Die Heilung ist folglich ein umfassender physisch-magischer Vorgang gewesen.

I 11.   Heilerinnen

I 11. a)   Jakob Grimm: Deutsche Mythologie

Da die Krankheiten vor allem von der Todesgöttin Hel ausgingen, konnten auch nur diejenigen, die zu ihr einen Bezug gehabt haben – also die Zauberinnen/Heilerinnen – die Heilung bringen.

Auf einer früheren Stufe der Entwicklung sind es jedoch einfach die Priesterinnen/ Seherinnen gewesen, die bei den Germanen wichtiger als die Priester gewesen zu sein scheinen, die die Verbindung zu den Ahnen und Göttern und vor allem zur Göttin gehabt haben und daher die magische Macht besaßen, auch Krankheiten zu heilen.

Oddrûn hilft bei schwerer entbindung und berühmt ist aus dem Tristan Isoldens arzneikenntnis. An heilquellen und gesundbrunnen erscheint aber die weiße frau mit der schlange, dem heilkräftigsten, oben unter Aesculap dienenden thier. Auch die serbische vila ist ärztin und heilt wunden für hohen lohn.

Die arzneikunde des heidenthums muste nach allem diesem halb priesterlich und halb zauberisch sein. priestern verschafte erfahrung und höheres wissen kenntnis der natürlichen heilkräfte, von der weihe ihres standes giengen hilfreiche segensprüche aus, opfer schlossen an heilmittel, ja große heilungen und abwehr der seuchen gelangen nur durch opfer. noch das ganze mittelalter hindurch sehen wir auch christliche geistliche vorzugsweise im besitz der arzneien und der gabe ihrer anwendung. Ein theil jener heidnischen lehre gieng aber auf die weisen männer und frauen über, die sich durch beibehaltung abergläubischer gebräuche und misbrauch wirklicher heilmittel den ruf der zauberei zuzogen. Gleich der hexerei fällt auch die alte heilkunde hauptsächlich frauen zu, und aus demselben grund.

… … …

Der götter zorn verhängt seuchen, ihre gnade offenbart aber auch den menschen rettende heilmittel. alle gottheiten können heilende sein, nach ihren namen scheinen kräuter und blumen benannt, deren heilkraft sie zeigen. bei den Griechen sind es besonders Apollo und seine schwester Artemis, von denen diese kunde hergeleitet wird; unser Wuotan, da wo er dem Apollo mehr als dem Hermes gleicht, vertritt ihn auch als heilenden gott; mit Artemis und der heilerfahrenen Athene lassen sich hier Holda und Frouwa, die in spätern sagen durch Maria ersetzt werden, zusammenhalten. Asklepios oder Aesculapius, ein eigentlicher heilgott, ist wie Apolls sohn nichts als dessen ausfluß.

Unter den göttlichen helden pflagen Herakles und Prometheus, der das heilende feuer gab, und Chiron dieser kunst: ihnen dürfen schon der nordische Mimir, unser Wate und Wieland sich zur seite stellen, ein heilkraut heißt Wielandswurz und in übung der schmiedekunst steht Wieland Prometheus gleich.

Wie bei Homer Paeons und Machaons arznei und wundenkenntnis gerühmt wird, heißt es im Gudrunlied von Wate:

> *si hæten in langer zîte dâ vor wol vernomen,*
> *daz Wate arzet wære von einem wilden wîbe:*
> *Wate, der vil mære, gefrumete manegem an dem lîbe.*

> (Sie hatten vor langer Zeit vernommen,
> daß Wate von einem Wilden Weib geheilt worden wäre:
> Der viel gerühmte Wate genas an seinem ganzen Leib.)

Das wilde weib aber darf weise frau oder halbgöttin sein. auch nach schottischer überlieferung zeigt die meerfrau heilkräuter an.

In der edda erscheinen mehrere solcher frauen. Eir gehört unmittelbar in der göttinnen reihe: ›hon er læknir beztr‹. ich bringe ihren namen in verband mit dem gothischen áirus nuncius, angelsächisch ârjan, altnordisch eira parcere, und dem althochdeutschen Irinc (gothisch Eiriggs?), Eir wird die schonende, helfende göttin und botin sein.

I 11. b) Zusammenfassung

> Aus der Priesterin, die durch ihre Verbindung mit der Göttin die magische Macht zu heilen besaß, wurde beim Übergang zum Christentum die Heilerin und noch später aufgrund ihrer Verteufelung durch das Christentum schließlich die Krankheitsverursachende Hexe.

I 12.   Das Erlernen des Heiler-Berufs

I 12. a)   Jakob Grimm: Deutsche Mythologie

1.   Wanderärzte

Über das Erlernen des Heilerberufs gibt es bei den Germanen keine Überlieferung. Man wird jedoch davon ausgehen können, daß sie ein Teil der Ausbildung zum Priester bzw. zur Priesterin gewesen sein wird.

Vorzüglich sind es schäfer, die für kluge, arzneikundige männer gelten; früherhin auch andere hirten und jäger (›bubulcus, subulcus, venator‹).
Im mittelalter zogen aber wandernde ärzte im land herum, die dem volke kunst und heilmittel feilboten, gewöhnlich in begleitung eines ergötzliche possen treibenden knechtes; ich verweise auf Rutebeufs diz de l'erberie und auf das osterspiel und altböhmisch bei Hanka. Diese landstreichenden kräutermänner, quaksalber, harnsteinschneider gewähren vielfachen aufschluß über art und weise der volksmäßigen heilungen. Gregor gedenkt eines zauberers und arztes Desiderius, der einen rock aus ziegenhaaren trug; das altslavische bali bedeutet arzt, eigentlich aber zauberer.

2.   Berufung zum Arzt

Crescentia, eine verfolgte fromme heilige, empfängt von Petrus oder Maria, die ganz an der stelle heidnischer götter auftreten, die gabe alle krankheiten zu heilen, nach dem altfranzösischen gedicht (Méon) bloß den aussatz. sie selbst könnte gerade zu für eine weise frau gelten und wird gar zauberin gescholten. Auch königinnen des alterthums ist das vermögen zugeschrieben, bestimmte krankheiten durch ihre berührung zu tilgen: im Rother bestreicht die königin lahme und krumme mit einem stein. erbkönigen von Frankreich und England wird eine ähnliche kraft beigelegt.
Gebiert eine frau sieben söhne hinter einander, so kann der siebente durch einen schlag mit der hand allerlei schaden heilen. seine berührung heilt kröpfe. nach französischen aberglauben ist es der fünfte sohn. von diesem siebenten oder fünften sohn geht noch viel andrer aberglaube, in Ostfriesland sagt man es werde ein ›walrider‹, heißt das einer der auf die wahlstatt reitet? entsprechend scheint aber, daß von sieben in einer ehe hintereinander gebornen mädchen eins ein werwolf werden soll.
Ein kind, das seinen vater nicht kennt, vermag geschwülste aufzulösen (fondre les loupes).

Das erstgeborne, mit zähnen auf die welt gekommne kind kann bösen biß heilen (schwedischer aberglaube).

Dies alles berührt sich mit dem von der erblichkeit, dem übergang der weissagungsgabe und der kunst des wettermachens gesagten. die heilkunst war ebenso priesterlich wie das geschäft wahrzusagen.

Zwischen opfer und heilung wird sich der unterschied am richtigsten vielleicht so fassen lassen, daß jene mehr gegen die drohende, diese auf die ausgebrochene krankheit gerichtet waren. abwehrende opfergebräuche haben sich ohne zweifel im hirtenleben zulängst bewahrt: die hirten ließen ihr vieh durch die flamme springen, alljährlich oder sobald die seuche anrückte. doch wurde auch in schweren fällen der krankheit, die schon getroffen hatte, geopfert.

3. „Vererbung" des Heiler-Berufes

Unter dem volk gibt es noch alte frauen, die das böten, streichen, gießen und segnen treiben. Merkwürdig ist, daß heilformeln von frauen nur auf männer, von männern nur auf frauen übertragen werden sollen und wir sahen eben, daß schon Wate von einer frau seine kunst erlernt hatte.

I 12. b) Zusammenfassung

In germanischer Zeit wird die Ausbildung zum Heiler bzw. zur Heilerin mit der der Ausbildung zum Priester bzw. zur Priesterin identisch gewesen sein (siehe „Priester" in Band 59 und „Priesterin" in Band 58).

Die Tradition des Wanderarztes entspricht der germanischen Tradition der umherwandernden Seherinnen.

Die spezielle Weise, in der das Wissen weitergegeben wurde (vom Mann zur Frau und von der Frau zum Mann) gibt es z.T. noch heute bei Hellsehern (vom Vater zur Tochter und weiter zum Enkel) und könnte auf eine germanische Tradition zurückgehen, da es im streng patriarchalen Christentum keine derartige Struktur gibt. Allerdings ist auch von den Germanen keine solche „Erbfolge" bekannt.

I 13. Heilverfahren

I 13. a) Morkinskinna

„Wenn die größeren Heilmittel nicht wirken, hat es keinen Sinn, es mit den kleineren zu versuchen."

I 13. b) Zusammenfassung

Die verschiedenen möglichen Heilweisen wurden anscheinend als verschieden wirksam eingestuft.

I 14.   Kräuter und Salben

Siehe zu diesem Thema auch den Band 45 „Symbolik der Pflanzen".

I 14. a)   Faröische Heldenlieder – Ismael-Lied

Es gab eine Kräuterkunde, die sehr viele Kräuter und Anwendungsweisen umfaßte, die oft in „Kräuterbüchern" zusammengefaßt worden sind.
In der folgenden Strophe ist „Ismael" der Goten-König „Jörmunrek".

Er nimmt ihn auf den Sattel hinauf und sehr er um ihn klaget,
Sucht nun Salbe in seiner Tasche, um ihn zu beschmieren.
Er nimmt ihn auf den Sattel hinauf und führt ihn heim zur Halle:
„Nimm hin, Svanhild Sonnenglanz, heile den schnellen Helden."

I 14. b)   Gesta danorum

Skiöld pflegte die Kranken und gab denen, die mit Krankheiten geschlagen waren, fürsorglich Heilmittel.

I 14. c)   Völsungen-Saga

Als sie so eines Tages durch den Wald zogen, um Beute zu machen, fanden sie ein bestimmtes Haus und zwei Männer mit Goldringen, die in ihm schliefen. Diese beiden waren durch Zauberbanne gebundene Gestaltwandler und Wolfsfelle hingen über ihnen in dem Haus und jeden zehnten Tag konnten sie aus diesen Fellen herauskommen und sie waren Königssöhne. Da legten Sigmund und Sinfiötli sich die Wolfsfelle an, sodaß sie auf keine Weise mehr aus ihnen herauskommen konnten, obwohl dennoch ihr voriges Wesen in ihnen erhalten blieb: Sie heulten wie Wölfe, aber sie konnten beide das Heulen der Wölfe verstehen.
Sie liefen hinaus in den Wild-Wald und jeder ging seines Weges und sie verab-redeten miteinander, daß sie den Angriff auf sieben Männer wagen würden, aber nicht mehr, und daß der von ihnen, der zuerst mehr Männer angriff, zuerst in der Wolfs-weise heulen sollte: „Laß' uns davon nicht abweichen," sprach Sigmund, „denn Du bist jung und zu kühn und den Männern wirst Du eine gute Beute erscheinen, wenn

sie Dich ergreifen. "

So ging jeder seines Weges und als sie getrennt waren, stieß Sigmund auf gewisse Männer und ließ ein Wolfsheulen ertönen und als Sinfiötli dieses hörte, lief er geradewegs hinzu und tötete sie alle und dann trennten sie sich wieder.

Aber ehe Sinfiötli noch lange durch den Wald gestriffen war, traf er elf Männer und er ging mit ihnen solcherweise um, daß er sie alle tötete. Davon war er erschöpft und kroch unter eine Eiche und ruhte sich dort aus. Da kam Sigmund hinzu und sagte: „Warum hast Du mich nicht gerufen? "

Sinfiötli sprach: „Ich hatte es leid, wegen dem Töten von elf Männer um Deine Hilfe zu rufen. "

Da griff Sigmund ihn so hart an, daß er stürzte und fiel und Sigmund biß ihn in die Kehle. An jenem Tag konnten sie nicht aus ihren Wolfsfellen herauskommen, aber Sigmund legte sich den anderen auf seinen Rücken und trug ihn heim zu dem Haus und verfluchte die Wolfsfelle und hätte sie gerne zu den Trollen gesandt.

Da sah er eines Tages, wie zwei Wiesel rannten und einer den anderen in die Kehle biß und dann geradewegs zu einem Dickicht lief, ein Blatt abriß und es auf die Wunde legte und daraufhin sein Genosse wieder ganz und gar geheilt aufsprang.

Da ging Sigmund hinaus und sah einen Raben mit einem Blatt von demselben Strauchart auf ihn zufliegen. Da nahm er das Blatt und legte es auf Sinfiötlis Wunde und er sprang auf, als ob er nie verwundet worden wäre.

Der Rabe könnte ein Bote des Tyr oder des Odin sein.

I 14. d)   Der hürne Siegfried

Siegfried der schlug mit Grimme   /   den Wurm wohl auf das Horn.
Er mocht nicht länger bleiben,   /   den Wurm zu schlagen vorn:
Er schlug ihn an der Seite   /   wohl auf ein hörnern Dach;
Jedennoch mußt er leiden   /   vom Wurm groß Ungemach.
Er schlug das Horn so lange   /   mit seinem Schwerte gut;
Auch war des Drachen Hitze,   /   als wär geschürt die Glut
Mit einem Fuder Kohlen,   /   das plötzlich stünd in Brand:
Das Horn erweichte völlig   /   und kam herab gerannt.
Er hieb ihn voneinander   /   wohl in der Mitt entzwei:
Da fiel er von dem Steine   /   in Stücke mancherlei;
Dann stieß er mit den Füßen   /   das andre hinterdrei.
Wie schnell zu Siegfried eilte   /   das edle Mägdelein!
Er fiel vor großer Hitze   /   und wußt nicht wo er war:

Vor Müdigkeit und Ohnmacht   /   war er des Sinns so bar,
Daß er nicht sah noch hörte,   /   kannt niemand auch zur Stund;
Sein Farb war ihm entwichen,   /   kohlschwarz war ihm der Mund.
Da er nach langem Liegen   /   sich wieder Kraft errang
Und aufrecht sitzen konnte,   /   sein Herzlieb sucht' er lang:
Da sah er sie dort liegen   /   so jämmerlich für tot.
Er sprach: „O Gott vom Himmel,   /   weh meiner großen Not!"
Er legt' sich ihr zur Seiten   /   und sprach: „Daß Gott erbarm!
Soll ich Dich tot heimführen!"   /   Er hob sie in den Arm.
Da kam das Zwerglein Eugel   /   und sprach zur selben Stund:
„Ich geb ein Kraut der Jungfrau,   /   so wird sie bald gesund."
Und da die edle Jungfrau   /   die Wurz zum Munde nahm,
Gleich saß sie wieder aufrecht,   /   indem sie zu sich kam.
Sie sprach: „Tu, werter Siegfried,   /   mit Deiner Hilfe kund."
Da umhalste sie ihn lieblich   /   und küßt' ihn auf den Mund.

I 14. e)   Heimskringla: Saga über Harald Hart-Rat

König Harald verfaßte einst diese Verse:

„Ich habe, alles in allem, mindestens elf
meiner Feinde den Todesstoß gegeben;
zwei mehr können vielleicht noch hinzugefügt werden
zu dieser Zahl, wenn ich mich recht entsinne;
Ich preise mich für diese Taten
– mein Volk braucht solche Vorbilder.
Sie würden selbst Gold verschmähen
und heilende Kräuter verachten
wenn ihnen dies nicht stets vor Augen gehalten würde."

I 14. f)   Jakob Grimm: Deutsche Mythologie

1.   Steine und Pflanzen

Plinius hat über seine naturgeschichte dadurch eignen reiz gebreitet, daß er auch die abergläubischen meinungen des volks von thieren und pflanzen umständlich anzuführen nicht verschmäht. wie stechen seine ehrfurcht vor dem alterthum, seine sprachgewandte darstellung ab von dem trocknen ernst unsrer heutigen naturforscher, die keinen blick auf den brauch der heimat verwenden und alle kraft und zier des deutschen ausdrucks für geringfügig achten.

›Krût, steine unde wort hânt an kreften grôzen hort‹ sagt uns Freidank, und da den zwergen besondere kunde der in kräutern verborgnen heilgabe beiwohnt, so ist zu beachten, daß gerade einem könige ihres geschlechts Goldemar der ausspruch in den mund gelegt wird: ›Christianos fidem in verbis, Judaeos in lapidibus pretiosis, et Paganos in herbis ponere‹. Das heidenthum bietet ein fülle mythischer vorstellungen von dem ursprung und den manigfachen tugenden der kräuter.

2.   Pflanzen der Götter

Plinius hat über seine naturgeschichte dadurch eignen reiz gebreitet, daß er auch die abergläubischen meinungen des volks von thieren und pflanzen umständlich anzuführen nicht verschmäht. wie stechen seine ehrfurcht vor dem alterthum, seine sprachgewandte darstellung ab von dem trocknen ernst unsrer heutigen naturforscher, die keinen blick auf den brauch der heimat verwenden und alle kraft und zier des deutschen ausdrucks für geringfügig achten.

›Krût, steine unde wort hânt an kreften grôzen hort‹ sagt uns Freidank, und da den zwergen besondere kunde der in kräutern verborgnen heilgabe beiwohnt, so ist zu beachten, daß gerade einem könige ihres geschlechts Goldemar der ausspruch in den mund gelegt wird: ›Christianos fidem in verbis, Judaeos in lapidibus pretiosis, et Paganos in herbis ponere‹.

Das heidenthum bietet ein fülle mythischer vorstellungen von dem ursprung und den manigfachen tugenden der kräuter.

Wie unter den menschen ragen unter den Kräutern edle vor gemeinen. sie sind von göttern an einsamer heiliger stätte geschaffen, aus dem blut unschuldiger gesprossen, von vögeln herangetragen. unter dem fußtritt der göttin keimt die blume, wie da wo sich liebende traurig scheiden gras und gewächse dorren. am gipfel des bergs, auf welchen der liebende die geliebte sterbend empor getragen hatte und ihr letzter labetrunk gegossen war, wuchsen heilkräuter, die dem ganzen lande zu statten kamen. berge hegen das seltenste der pflanzenwelt. oben auf der Ida lagerten Zeus und Here:

> τοῖσι δ' ὑπὸ χθὼν δῖα φύεν νεοθηλέα ποίην
> λωτόν θ' ερσήεντα ιδὲ κρόκον ηδ' υάκινθον,
> πυκνὸν καὶ μαλακόν, ὃς ἀπὸ χθονὸς υψόσ' έεργε.

Solch ein blumenbett schwebt noch den minnesängern in gedanken, aber die men-schen müssen sich blumen und gras unter vogelsang dazu brechen.

Der ansicht des mittelalters lag es nah heilende kräuter aus dem grabe heiliger männer sprießen zu lassen, wie wir blumen auf grabhügel pflanzen und davon zum angedenken pflücken. auch an dem hügel des huorco wächst wundenheilende rosa-marina, deren brechen menschen in tauben wandelt. das grab des heiligen trägt einen birnbaum, von dessen früchten kranke alsbald genesen. vorhin ist angeführt, wie am fuß eines heiligen bildes eine nova species (das ist jenes homerische νεοθηλής) zum saum des kleides heransproß und dann heilkräftig wurde; hierzu halte ich was Plinius meldet: herba in capite statuae nata collectaque alicujus in vestis panno et alligata in lino rufo capitis dolorem confestim sedare traditur.

Viele kräuter und blumen sind nach göttern benannt, doch die anlässe der namen selten berichtet, daher sie manigfacher auslegung unterliegen. der gott hat die pflan-zen hervorgebracht und sich ihrer bedient, sie sind ihm lieb oder verhaßt, ihre gestalt und farbe wird einzelnen gliedern des göttlichen leibs, dem gewande oder geräthe des gottes verglichen. so heißt Baldrs brâ (supercilium Veneris) (Baldur-Braue), Freyju hâr (Freya-Haar) nach dem leuchtenden glanze der blume, Forneotes folme, Niarðar vöttr nach den blättern, die wie fünf finger neben einander stehn. Donnerrebe ist let-tisch Pehrkones. Donnerkraut, Donnerbesen können wie barba Jovis aus dem strup-pigen geflecht der ranken gedeutet werden; ich weiß aber nicht wie sich Perunika zu Perun verhält.

Teufelsbiß ist von dem eindruck der zähne genannt, den man an der pflanze wurzel zu gewahren glaubte und dem bösen geiste zuschrieb.

Eine menge andrer benennungen sind von thieren, vorzüglich denen der einheimi-schen fabel hergenommen, bei welchen die phantasie auf ähnliche weise geschäftig war.

Im sanskrit wird an blumen und kräutern das heilsame durch den beisatz freund, das schädliche durch feind bezeichnet, z. b. Ramâprija, der Lakschmi lieb = lotus; Jamaprija dem Jama lieb = ficus indica. Hierzu halte ich das althochdeutsche gotafargezzan marrubium album, mittelniederduetsch gotvorghetene und die redensart ›ergaz im got‹; das kraut heißt neuhochdeutsch andorn.

Ohne zweifel führen andere kräuter ihren göttlichen namen daher, daß sie zuerst von göttern den sterblichen als heilkräftig gewiesen wurden. bei den Griechen schei-nen Athene und Artemis in dieser beziehung thätig: ich glaube daß von unsern göttin-nen Frigg und Freyja, oder wer sie später zu vertreten hat, vor allen Maria, ihre stelle einnehmen. Wahrscheinlich wurde Artemisia von Artemis gefunden oder gezeigt, Proserpinaca von Proserpina. das παρθένιον wies die göttliche Παρθένος, Plinius erzählt:

verna carus Pericli Atheniensium principi, cum is in arce templum aedificaret repsissetque super altitudinem fastigii et inde cecidisset, hac herba dicitur sanatus, monstrata Pericli somnio a Minerva, quare Parthenium vocari coepta est assignaturque ei deae.

Von der *lappa* heißt es:

medetur et suibus effossa sine ferro: quidam adjiciunt et fodientem dicere oportere: ›haec est herba argemon, quam Minerva reperit, suibus remedium qui de illa gustaverint‹. ἄργεμον bedeutet albugo.

Hermes reißt dem Odysseus das wider zauber kräftige φάρμακον aus der erde: μῶλυ δέ μιν καλέουσι θεοί. ob der Iris name von der götterbotin, die sie verkündigte, oder von der weißen farbe der lilie, oder aus andern gründen herzuleiten ist? auch ein engel offenbarte im traum die angelica.

Jene von thieren herstammenden benennungen können dadurch noch sinnvoller werden, daß man solche thiere auf den göttercultus zurückführt. so brauchte den namen bärenklaue, wolfsmilch, althochdeutsch wolveszeisala, angelsächsisch vulfestæsel, angelsächsisch hräfnesleác (rabenlauch) nur ein mythus unter zu liegen, aus welchem sich ein verhältnis des krauts zu dem tagesanbruch, dem von der wölfin aufgesäugten helden, dem von dem götterboten hergetragnen heilmittel ergäbe. ein überzeugendes beispiel gewährt die spechtswurzel, die der heilige vogel, nach dem vermutlich einer der hehren wälder unsrer vorzeit Spehteshart (Spessart) hieß, herbringt, nicht bloß die zum sprengen der keile taugende, sondern vor dem abbrechen schützt und vertheidigt er zumal die paeonia.

Die heilende παιωνία wird auf Παιών den göttlichen arzt bezogen, der gerade dem verwundeten Ares beisteht, so daß mir hieraus zusammenhang zwischen Ares und dem römischen Mars, dessen vogel der specht ist, durchbricht. auch Athene hieß Παιωνία. aber nicht ungehörig scheint, daß wiederum nach unserm Zio ein kraut genannt ist: altnordische Týviðr, dänisch Tysved, daphne mezereum, was sich althochdeutsch übersetzen ließe Ziowitu, Zioweswitu, d. i. Martis arbor, lignum, frutex (Tyr-Baum, Mars-Baum). statt dieser althochdeutschen benennung findet sich eine andere entsprechende, die ich jetzt richtiger als oben zu erklären glaube. damals dachte ich an Sigelint, weil aber die schreibung Cigelinta, d. i. Zigelinta überwiegt, Zîlant dasselbe scheint, und neben Zeiland noch heute in Östreich Zillind, Zwilind, Zwilinde daphne mezereum bedeutet, so erschließt sich die rechte alte lesart Ziolinta, welche in form und sache zum altnordischen Týviðr stimmt. linta ist nicht allein tilia, sondern auch liber, bast, und die pflanze heißt uns bald seidelbaum, bald seidelbast (für zeilindebaum, zeilindebast), den man als heilendes gift aufzulegen pflegt. ein angelsächsisches Tivesvudu, Tigesvudu, Tigeslind ist leicht zu mutmaßen. Seien nun daphne und paeonia verwandt oder unterschieden, ihrer mythischen analogie be-

nimmt es nichts; nach Plinius hieß letztere auch pentorobon, πεντόροβον, weil sie vier oder fünf erbsen trägt, ihr böhmischer name lautet wlči lyko, d. i. wolfsbast, ihr französischer garou, d. h. werwolf, loupgarou.

Aus Magns lexicon hole ich aber noch einige andere merkwürdige pflanzennamen nach. die viola Martis, französisch violette de Mars, heißt in Island Tŷsfiôla, Tŷrsfiôla, was baare übersetzung des lateinischen namens scheint, der weniger den gott als den monat ausdrückt, neuhochdeutsch merzviole. wichtiger ist das norwegische Tyrihialm (Tyris galea) oder Thoralm, Thorhialm (Thori galea), Thorhat (Thori pileus) für aconitum, wozu das neuhochdeutsche eisenhütlein, schwedisch und dänisch stormhat (sturmhut) stimmt, es scheint einer ähnlichkeit der blumengestalt mit dem helm oder hut abgesehn: die pflanze heißt aber auch wolfskraut, dänisch ulveurt, englisch wolfbane, dänisch ulvebane, ulvedöd, was sich auf Tŷrs kampf mit dem wolf deuten und wiederum mit jenem wolfsbast, garou vergleichen läßt, da auch andre benennungen zwischen daphne und aconitum schwanken. ja wolfsbast darf an die dem Fenrisûlfr angelegte fessel læđing (dänisch leding), drômi und gleipnir gemahnen.

Noch ein name für daphne wurde schon angegeben: Wielandsbeere, neben dem nordischen Velandsurt für den heilkräftigen baldrian (die valeriana), so daß die deutung wieder auf einen der größten helden unsers alterthums führt, dessen vater der heilkundige Wate war.

I 14. g) Pflanzen und Götter

Die Beschreibungen der konkreten einzelnen Kräuter finden sich im Band 45. Im folgenden sind nur die Verbindungen einzelner Pflanzen zu den Gottheiten aufgeführt.

Pflanzen	**Götter und Pflanzen**							
	Wesen							
	Dies-seits-göttin	Jen-seits-göttin	Tyr, Ullr, Wieland	Odin, Baldur u.a.	Thor	Sonne	Geis-ter	sonsti-ges
Alraune	Göttin							
Korn	Sif							
Mangold	Freya-Menglöd							

Pflanzen	Wesen							
	Dies-seits-göttin	*Jen-seits-göttin*	*Tyr, Ullr, Wieland*	*Odin, Bal-dur u.a.*	*Thor*	*Son-ne*	*Geister*	*sonsti-ges*
Kreuzblume („Freya-Haar")	Freya							
Distel		Hel						
Holunder		Huldar						
Honigtau		Nornen						
Äpfel		Idun						
Hasel		Idun						
Mistel		Hel	Tyr	Baldur, Hödur, Loki				
Bärlapp			Tyr					
Seidelbast			Tyr					
Baslilikum			Tyr					
Eisenkraut			Tyr					
Baldrian			Wieland					
Bilsenkraut			Tyr-Beli	Odin				
Eibe			Tyr-Ullr	Baldur				
Weltenbaum			Tyr	Odin		Sonne		
Gundelrebe			Tyr		Thor			
Märzveilchen			Tyr		Thor			
Eiche			Tyr-Hrungnir		Thor/ Donar			
Eberesche, Mehlbeere			Tyr		Thor			Jenseits-fluß
Fenchel				Odin				

Götter und Pflanzen

Götter und Pflanzen

Pflanzen	Wesen							
	Dies-seits-göttin	Jen-seits-göttin	Tyr, Ullr, Wieland	Odin, Baldur u.a.	Thor	Sonne	Geister	sonsti-ges
Geruchlose Kamille („Baldurs-Braue")				Baldur				
Donnerrebe					Thor			
Johanniskraut						Sonne		
vierblättriger Klee						Sonne		
Wegerich, Wegetritt, Wegwarte						Sonne		
Wucherblume							Alfen	
Gänsefuß							Elfen, Kobolde	
Bertramsgarbe							Gespenster	
Salbei							Gespenster	
Löwenzahn							Wichte, Nixen	
Oregano							Wichte, Nixen	
Salbei							Wasser-Menschen, Gespenster	
Farn								Jenseits-reise
Goldenes Kraut								Jenseits-reise
Betonica								Kult

Hier finden sich im wesentlichen sechs Arten von Verbindungen zwischen Pflanzen und Göttern:

1. Pflanzen der Diesseits-Göttin (Getreide und Mangold)
2. Pflanzen der Jenseitsgöttin, der Jenseitsreise und des Jenseitsflusses
3. Pflanzen des alten Sonnengott-Göttervaters Tyr (Beli, Sonne, Hrungnir, Ullr, Wieland)
4. Pflanzen des Baldur (Übernahme der Tyr-Symbolik der Wiedergeburt)
5. Pflanzen des Thor (vor allem Übernahme der Symbolik des jungen/starken Tyr)
6. Pflanzen der Geister

Die 2., 3., 4., 6. und teilweise auch die 5. Gruppe von Gottheiten-Pflanzen bezieht sich auf die Jenseitsreise, was daran liegen wird, daß man die Krankheiten als „kleinen Tod" bzw. den Tod als die „größte Krankheit" angesehen hat. Daher war die Jenseitsreise und ihre Symbolik das wichtigste magisch-spirituelle Element bei der Heilung – und die Jenseitsreise ist in den Mythen des Sonnengottes Tyr-Baldur und des Schamanengottes Odin das wichtigste Element gewesen.

Dies entspricht wiederum dem schamanischen Ansatz des „Zurückholens von Seelenteilen" bzw. des Austreibens von schädigenden Geistern.

I 14. h) Jakob Grimm: Deutsche Mythologie

1. das goldene Kraut

Wer, nach Villemarqué zufällig auf das goldne kraut, entschläft alsbald und versteht die sprache der hunde, wölfe und vögel.

Anderwärts hängt das verständnis der vögelsprache ab vom genuß einer weißen schlange, in der edda von dem des drachenherzens. ein märchen läßt einen drei jahre lang erlernen was die hunde bellen, die vögel singen, die frösche quaken.

Dies ist offensichtlich ein Jenseitsreise-Kraut: Vögel = Seelenvögel; Frösche => Wasserunterwelt; Schlangen und Drachen = Totengeister.

2. Zeitpunkt des Pflanzensammelns

Das brechen und holen der kräuter muste zu bestimmter zeit und nach herge-

brachtem brauch geschehn.
Meist vor sonnenaufgang in tagesfrühe:

> *herba quacunque a rivis aut fluminibus ante solis ortum collecta, ita ut nemo colligentem videat.; praecipiunt aliqui effossuris (anagallida) ante solis ortum priusquam quidquam aliud loquantur, ter salutare eam, tum sublatam exprimere, ita praecipuas esse vires.; ajunt si quis ante solis ortum eam (chamelaeam) capiat, dicatque ad albugines oculorum se capere, adalligata discuti id vitium.; et hanc (Samolum herbam) sinistra manu legi a jejunis.; radicem (pistolochiae) ante solis ortum erutam involvunt lana.*

Den viscus suchte man im neumond, prima luna; die verbenaca circa canis ortum, ita ut ne luna aut sol conspiciat.
Von menschen und gestirnen ungesehn, ungesprochen und ungegessen, soll der sammler sich den heiligen kräutern nahen. Maiblumen sind vor sonnenaufgang, teufelsabbiß vor Johannismitternacht zu brechen.
Plinius gibt nachricht von einem kraut, welches die Römer herba britannica nannten, weil sie aus den zwischen Germanien und Britannien gelegnen inseln (ex oceani insulis extra terras positis) gebracht wurde:

> *florem vibones vocant, qui collectus priusquam tonitrua audiantur (d. h. doch zwischen blitz und donner?) et devoratus securos a fulminibus in totum reddit. Frisii, qua castra erant, nostris demonstravere illam, miroque nominis causam, nisi forte confines oceano Britanniae velut propinquae dicavere. non enim inde appellatam eam quoniam ibi plurima nasceretur certum est, etiamnum Britannia libera.*

Hier haben wir eine schon von den alten Germanen beachtete pflanze, und die bestimmung, daß sie vor dem ersten im jahr (?) gehörten donnerschlag gebrochen werden müsse, klingt ganz deutsch. sie schützte gegen blitz, war also dem donnergott heilig, gleich der hauswurz, die auch donnerwehr heißt. angelsächsische glossen übersetzen die britannica hæven hŷðele; hæven ist glaucus, das zweite wort entweder von hûð praeda oder hŷðe portus abzuleiten, im letzten fall läge der begrif einer blauen seeblume nah. ein wassergewächs war es auf jeden fall, man meint hydrolapathum. gern möchte ich darin das den Friesen und Seeländern heilige seeblatt wieder erkennen, dessen blume weiß oder gelb sein soll; der name nixblume, mummel könnte an die indischen des lotus gemahnen: Ramâprija (der Rama, d. i. Lakschmi lieb), Srîvâsa (haus der Srî = Lakschmi, der aus dem meer gestiegnen).

3. Art des Pflanzen-Sammelns

Wurde ein kraut ausgegraben, so war es römischer gebrauch, vorher rings um in die erde meth und honig, gleichsam zur sühne, einzugießen, dann die wurzel mit dem schwert zu umschreiben, gegen morgen (oder abend) zu schauen, und die gegrabne alsbald in die höhe zu heben, ohne daß sie die erde berührte.

favis ante et melle terrae ad piamentum datis, circumscriptam ferro (verbe-nacam) effodi sinistra manu et sublime tolli.; et fossuri (iridem) tribus ante mensibus mulsa aqua circumfusa hoc veluti placamento terrae blandiuntur, circumscripta mucrone gladii orbe triplici, et cum legerint eam protinus in coelum attollunt.; nigrum elleborum melampodion vocant, quo et domos suffiunt purgantque spargentes et pecora cum precatione solemni, hoc et religiosius colligitur. primum enim gladio circumscribitur, dein qui succisurus est, ortum spectat et precatur, ut id liceat sibi concedentibus diis facere, ob-servatque aquilae volatus; fere enim secantibus interest, et si prope advolavit, morituram illo anno qui succedat augurium est.; cavent effossuri (mandra-goram) contrarium ventum et tribus circulis ante gladio circumscribunt, postea fodiunt ad occasum spectantes.

Auch wurde zuweilen die gegrabne wurzel nach gemachtem gebrauch wieder einge-graben, damit sie leben bleibe:

hanc (senecionem) si ferro circumscriptam effodiat aliquis tangatque ea dentem et alternis ter despuat, ac reponat in eundem locum ita ut vivat herba, ajunt dentem eum postea non doliturum.

Es galt zu verhüten, daß kaltes eisen an die wurzel komme (daher man sich des goldes, oder geglühten eisens zum schneiden bediente) und daß das ausgezogne kraut, der geschnittne zweig die erde berühre:

radicem (pistolochiae) ante solis ortum erutam involvunt lana coloris, quem nativum vocant. quidam auro effodiendam censent, cavendumque ne terram adtingat.; (viscum) collectum e robore sine ferro, si terram non attigit, comitialibus mederi (putant).; virgam e myrice defractam, ut neque terram, neque ferrum attingeret.: cavendum ne avulsa herba terram tangat.; herba juxta quam canes urinam fundunt, evulsa ne ferro attingatur, luxatis celer-rime medetur.

Mit der linken hand wurde gebrochen oder ausgezogen; zuweilen geschah es entgürtet und entschuht, und in dem brechen muste ausgesprochen werden für wen und zu welchem behuf:

si quis unum ex his (pomis punici mali) solutus vinculo omni cinctus et calceatus atque etiam anuli decerpserit duobus digitis, pollice et quarto sinistrae manus atque ita lustratis levi tactu oculis, mox in os additum devoraverit, ne dente contingat, affirmatur nullam oculorum imbecillitatem passurus eo anno.; praecipitur ut sinistra manu ad hos usus eruatur (iris rufa) colligentesque dicant cujus hominis utique causa eximant. 21, 20; parthenium ... magi contra tertianas sinistra manu evelli eam jubent, dicique cujus causa vellatur, nec respicere.; pseudanchusa ... folium ejus sinistra decerpi jubent magi et cujus causa sumatur dici.: praecipitur ut qui colligit thlaspi, dicat sumere se contra inguina et contra omnes collectiones et contra vulnera, unaque manu tollat.; autumnalis urticae radicem alligatam in tertianis, ita ut aegri nuncupentur cum eruitur ea radix, dicaturque cui et quorum filio eximatur, liberare morbo tradiderunt.; buglosso inarescente, si quis medullam e caule eximat, dicatque ad quem liberandum febre id faciat.

Columella von der radicule, quam pastores consiliginem vocant. ea in Marsis montibus plurima nascitur, omnique pecori maxime est salutaris. laeva manu effoditur ante solis ortum, sic enim lecta majorem vim creditur habere.

Dergleichen angaben vermag ich freilich aus unserer einheimischen armen und abgeblaßten überlieferung wenig gegenüber zu stellen. bedeutend ist Burcards nachricht von der bilisa (dem hyoscyamus), quam virginem nudam minimo digito dextrae manus eruere faciunt et radicitus erutam cum ligamine aliquo ad minimum digitum dextri pedis ligare; der zweck wurde schon angezeigt. die nacktheit des sie ausreißenden mädchens stimmt zu jenem gürtelablegen und entschuhen, doch die rechte hand und der rechte fuß weichen ab von der verwendung linker glieder bei den Römern. der ganze gebrauch scheint aber auch in Gallien bekannt gewesen, wo bereits die Römer ausgebildeten kräutercultus wahrnahmen, wie sich nachher noch zeigen soll.

Ein angelsächsisches kräuterbuch hat folgendes gegen augenschmerz:

við eágena sâre: ær sunnam upgange oðđe hvene ær heo fullîce gesîgan onginne, gâ tô þære ylcan vyrte Proserpinacam and bevrît hî âbûtan mid ânum gyldenum hringe and cveð þät þû hî tô eágena lœcedôme niman ville, äfter þrim dagon gâ äft þær tô ær sunnangancge and genim hî and hoh onbûtan þäs mannes svyran. heo framað vel.

Gegen älfâdle:

> gang on þunresæfen, þonne sunne on setle sie, þær þû vite Elenan standan, sing þonne benedicite et pater noster and sting þîn seax on þâ vyrte. læt stician eft tô þonne däg and niht furdum scâde on þam ilcan ahte, gang ærest tô ciricean and þe gesena and gode bebeod. gang þonne svîgende and þeah þe hväthvega egeslîces ongean cume oððe man, ne cveð þû him ænig vord tô, ær þû cume tô þære vyrte, þe þû on æfen ær gemearcodest. sing þonne benedicite el pater noster. âdelf þâ vyrt. læt stician þät seax þæron. gange eft svâ þû radost mäge tô ciricean and lege under veofod mid þâm seaxe. læt licgean oððät sunne uppe sie. âwäsc siððan, dô tô drence and bisceopvyrt and Cristes mæles ragu, âvyl þriva on meolcum, geot þriva hâlig väter on: sing on pater noster and credan etc. and hine eác ymbvrît mid sveorde on iiii healfa on cruce and drince þone drenc, siððan him bið sona sæl.

Hier scheint die lateinische grundlage, mit einschaltung christlicher gebräuche, offenbar.

Thiers im traité des superstitions sagt:

> quelques uns pour se garantir de maléfices ou de charmes vont cueillir de grand matin, à jeun, sans avoir lavé leurs mains, sans avoir prié dieu, sans parler à personne et sans saluer personne en leur chemin une certaine plante, et la mettent ensuite sur la personne maléficiée ou ensorcelée. Ils portent sur eux une racine de chicorée, qu'ils ont touchée à genoux avec de l'or et de l'argent le jour de la nativité de saint Jean baptiste, un peu avant le soleil levé et qu'ils ont ensuite arrachée de terre avec un ferrement et beaucoup de cérémonies, après l'avoir exorcizée avec l'epée de Judas Machabée.

Das mag wieder celtisch sein und gleicht doch den römischen hergängen, Judas heldenschwert vertritt das kreisziehende ferrum.

Als Renart auf der wiese die gesuchte pflanze findet und behutsam auszieht, heißt es ›ne l'a triblée n'esquachie, ençois la menja sanz tribler, del remanant ala froter trestotes les plaies qu'il ot et li cuir maintenant reclot et fugariz et trestoz sains‹. das kraut sollte weder gerieben noch gequetscht werden. Wenn in Thurneissers erklärungen der archidoxen gesagt wird: ›verbeen, agrimenia, modelger charfreytags graben hilfft dich sehr, das dir die frawen werden holdt, doch brauch kein eisen, grabs mit goldt‹; so scheint das aus lateinischer quelle geflossen. Viel merkwürdiger heißt es in einem liede des hätzlerischen buchs von dem ›kraut hoffen‹; ›daz ist gar ein edel krût, grab ez stille, nicht ze lût, schützen sind darüber gesetzt, begrif man dich du wurdst geletzt an dîner sælden hôhstem pfant‹. solche schützen und hüter des krauts vergleichen sich jenem die paeonia bewachenden specht; gern aber möchte man von ihnen genaueres wissen.

Über das anbinden (alligare, gewöhnlich adalligare) der gebrochnen oder gegrabnen kräuter ertheilt Plinius folgende vorschriften:

> herba adalligata laevo brachio ita ut aeger quid sit illud ignoret.; magi heliotropium quartanis quater, in tertianis ter allligari jubent ab ipso aegro, precarique eum soluturum se nodos liberatum, et ita facere non exemta herba.; sunt qui genicula novem vel unius vel e duabus tribusve herbis ad hunc articulorum numerum involvi lana succida nigra jubeant ad remedia strumae panorumve. jejunum debere esse qui colligat, ita ire in domum absentis cui medeatur, supervenientique ter dicere, ›jejuno jejunum‹ medicamentum dare, atque ita adalligare, triduoque id facere. quod e graminum genere septem internodia habet, efficacissime capiti intra dolores adalligatur.; alliget ei septem folia.; verbenaca jumentorum febribus in vino medetur, sed in tertianis a tertio geniculo incisa, quartanis a quarto.

Statt des anbindens legte man auch unter des kranken hauptkissen:

> sedum, si involutum panno nigro ignorantis pulvino subjiciatur.; somnos allicit olfactum, aut inscio sub capite positum.

Der kranke sollte in der regel nicht wissen, was ihm angebunden oder untergelegt wurde; gelenke und knoten der kräuter standen in bezug auf art und wiederholung des bandes. Oft reicht es hin, das schützende gewächs in der hand zu halten oder bei sich im gürtel zu tragen:

> virgam populi in manu tenentibus intertrigo non metuatur.; virgam qui in manu habeant aut in cinctu, negantur intertriginem sentire; intertrigines negat fieri Cato absinthium ponticum secum habentibus.

Aber auch wer die nymphaea in der hand haltend fiel, wurde epileptisch.

Man pflegte aber in vielen gegenden Deutschlands kräftige kräuter oben an der bühne an dem hauptbalken, oder über thür und thorweg aufzuhängen, wo sie das jahr hindurch blieben, bis sie durch frische ersetzt wurden.

Seltsam war der römische brauch ein sieb irr den weg zu legen und mit den hindurch wachsenden grashalmen zu heilen:

> cribro in limite adjecto herbae intus exstantes decerptae adalligataeque gravidis partus accelerant. das sieb war heiliges geräth. extare ist extra

stare, prominere. mich erinnert das an unsere weisthümer, welche die dünne eines gewobenen tuchs danach bestimmen, daß die halme (wie bei jenem sieb) hindurch stechen: item es sprechint ouch die hoflüt, das si hundert und sibentzig eln huobtuochs gebint dem von Hünwil, das selb huobtuoch sölli so swach sin, wenn man das spreit uf ein wasen, das gens gras und bollen durch das tuoch mugint essen.; und das selb tuch sol man auf einen wasen spreiten und sol das in der maß sein, das die gens dadurch wol gras mögind essen und nicht hunger sterbind. hier ist von keinem heilen die rede, aber die betrachtungsweise ähnlich.

I 14. i)   Zusammenfassung

Die Symbolik der Heilkräuter stammt in vielen Fällen aus der Jenseitsreise, da der Tod die größte aller Krankheiten war. Daher mußte der ehemalige Sonnengott-Göttervater Tyr, der an jedem Morgen wiedergeboren wurde, das größte und am sichersten genesende aller Wesen sein. Entsprechend war die Göttin, die ihn wiedergebar, die größte aller Heilerinnen.

Dazu paßt es gut, daß manche Kräuter nur vor Sonnenaufgang oder gar bei Neumond, also in der Dunkelheit des Jenseits gepflückt werden durften, da die Genesung der Sonne, d.h. ihre morgendliche Wiedergeburt aus der Dunkelheit der Nacht heraus erfolgt.

Ähnlich ist vermutlich das Verbot der Berührung der Kräuter mit dem Erdboden zu verstehen, da man den Erdboden als das Fundament im Diesseits auffassen konnte.

Das Verbot der Berührung der Kräuter mit Eisen sollte wohl eine Verletzung mit „eisernen Waffen" verhindern, die die Heilkraft der Pflanze „töten" würde. Goldene Werkzeuge scheinen hingegen sowohl bei den Germanen als auch bei den Kelten erlaubt zu sein – vermutlich, weil das Gold aufgrund seiner Farbe das Metall der Sonne ist.

I 15.   Wund-Verband u.ä.

I 15. a)   Nials-Saga

Wunden und daher auch das Heilen von Wunden war bei dem kriegerischen Lebensstil der Germanen und vor allem der Wikinger etwas nicht gerade seltenes …

Starkad kam auch nach Hause und Hildegunne heilte seine und Thorgejr's Wunden, denn sie war heilkundig.

I 15. b)   Die Saga über Kampf-Thordr

Thorvaldr empfing Indridi, bereitete ihm ein Bottich-Bad und reinigte seine Wunden, von denen jedoch keine tödlich war.

I 15. c)   Die Saga über König Sverri von Norwegen

Ivar antwortete, daß er guter Hoffnung sei, daß seine Wunde heilen würde, wenn er die Hilfe von Kräutern erhalten würde.

I 15. d)   Die Saga über Kampf-Thordr

Thordr wohnte im Geheimen in Miklibär bis alle seine Wunden geheilt waren. Da sprach Thordr zu dem Hausherrn Thorhallr und zu seiner Frau: „Es ist nun dahin gekommen, daß ich von allen meinen Wunden geheilt bin, und ich werde nicht mehr länger im Verborgenen bleiben oder länger hier sein, als ihr wollt.“

I 15. e)   Halfdan Eysteinn-Sohn

Der große Mann kam dorthin, wo Halfdan mit klaffenden Wunden lag.

Er sprach zu Svidi: „Mir scheint, daß Halfdans Wunden geheilt werden können, wenn er einen guten Heiler erhält. Ich will ihn jedoch nicht auf eine Seereise schicken, weshalb ich ihn über Land zu meinem Freund, der Hrifling heißt, senden lassen möchte. Seine Frau wird Arghyrna genannt. Sie sind gute Heiler, aber sehr arm und erwarben sich ihren Lebensunterhalt durch ihre Arbeit – von der Hand in den Mund, wie man so sagt. Halfdan wird nicht überleben, wenn sie ihm nicht helfen können – deshalb müssen sie zu uns kommen."

Da vertraute der er Halfdan seinen zuverlässigsten Männern an und gab ihnen hundert Silber-Mark und sagte ihnen, daß sie dem alten Mann sagen sollten, daß er Halfdan so gut heilen und pflegen sollte, als wenn er selber zu ihm gekommen wäre, und daß sie ihm genau sagen sollten, wo sie ihn finden könnten, wenn Halfdan ganz geheilt worden sei.

Das Inkognito des „Großen Mannes" macht diesen Satz etwas unübersichtlich: Der „Große Mann" trägt dem Heiler auf, Halfdan so zu behandeln, als wenn es er, der „Große Mann" selber wäre, der geheilt werden müsse. Anschließend solle er Halfdan dann sagen, wo er den „Großen Mann" finden kann.

Da zogen sie los, um den Mann und die Frau zu finden und ihnen zu berichten, um was sie gebeten werden, aber sie beide sagten daß dies einfach nur ihre Pflicht sei.

Die Boten ritten fort und Hrifling und seine Frau begannen Halfdan zu pflegen. Er lag achtzehn Wochen mit seinen Wunden darnieder, aber wurde schließlich wieder gesund gepflegt.

Er blieb zwölf Monate dort, bis er seine Kraft wiedererlangt hatte – und dies erschien ihm eine lange zeit zu sein, da er ständig an die schöne Hand und an den Goldring und den Handschuh denken mußte, den er verloren hatte.

... ...

Bei dem Königssohn Halfdan waren nun alle Wunden geheilt und er hatte seine ganze alte Stärke wiedererlangt.

I 15. f)   Die Saga über Viglund den Blonden

Nun lagen Viglund und Trusty unter den Gefallenen bis Viglund zu sich kam und nach seinem Bruder suchte und sah, daß noch Leben in ihm war. Daher tat er für ihn, was er dort tun konnte, denn er glaubte nicht, daß er die Kraft hatte, ihn zu einer Behausung zu tragen. Doch da hörte er den Klang von knirschendem Eis und siehe, da kam ihr Vater mit einem Schlitten!

Da trug Thorgrim Trusty zu dem Schlitten und brachte ihn heim nach

Ingialdshügel, aber Viglund ritt ohne Hilfe. Da legten sie ihn in eine in die Erde unter seinem Bett gegrabene Kammer und dort kümmerte sich Olaf um ihn und verband seine Wunden. Dort blieben sie im Geheimen und wurden schließlich vollständig geheilt, obwohl sie dort ganze zwölf Monate lang verwundet bleiben.

I 15. g)   Die Saga über Hromund Greip-Sohn

Da sandte man nach der Schwester des Königs. Svanhvit untersuchte Hromunds Wunde und nähte seinen Bauch wieder zusammen und versuchte ihn wieder zu sich zu bringen.

Die ließ ihn zu einem Mann, der Hagal genannt wurde, bringen. Die Frau dieses Mannes war sehr geschickt und sie hießen ihn willkommen und pflegten ihn wieder gesund. Hromund entdeckte, daß das Paar in der Magie sehr bewandert war.

Der Mann war ein Fischer und eines Tages fing er einen Hecht und als er heim gegangen war und ihn aufgeschnitten hatte, fand er Hromunds Schwert Mistelzweig in seinem Magen und gab es ihm. Hromund war glücklich und küßte den Schwertgriff und belohnte die Bauersleute reich.

Hromund hatte zuvor sein Schwert bei dem Kampf gegen einen Zauberer auf einem zugefrorenen See verloren. Der Beinahe-Tod und der Verlust des Schwertes im Wasser und die anschließende Heilung durch ein zauberkundiges Paar und das Wiederfinden des Schwertes sind offensichtlich eine Übertragung der winterlichen Jenseitsreise des Schwertgottes Tyr in den Bereich der Saga.

I 15. h)   Kormak-Saga

Auch zum Heilen von Wunden konnten man die Ahnen um Hilfe bitten:

Thorvard wurde heimgebracht und sie verband seine Wunden. Kormak traf sich nun regelmäßig mit Steingerd.

Thorvard genas nur langsam und als er wieder auf seinen Füßen stehen konnte, ging er zu Thordis und frug sie, was ihm am meisten bei seiner Heilung helfen könnte.

„Nicht weit von hier,“ sprach sie, „liegt ein Hügel, in dem die Alfen wohnen. Hole Dir den Stier, den Cormac getötet hat, und rötete die Außenseite des Hügels mit seinem Blut und bereite den Alfen ein Fest mit seinem Fleisch. Dann wirst Du geheilt

68

werden.“

Der Stier ist ein Opfer des Cormac nach seinem gewonnenen Zweikampf gegen Thorvard gewesen. Vermutlich ist dieser „Zweikampf-Stier“ ursprünglich eine Dank-Opfergabe an Tyr gewesen (siehe „Zweikampf“ in Band 73 oder „Stier“ in Band 42a).

I 15. i) Zusammenfassung

> Wunden wurden in warmem Wasser gesäubert, evtl. genäht, dann verbunden und mit Kräutern und Pflege geheilt.
>
> Auch das Heilen von Wunden wurde zumindestens teilweise in Analogie zu der Heilung der abgebissenen bzw. abgeschlagenen Hand des ehemaligen Sonnengott-Göttervaters Tyr während seiner Reise durch das Jenseits gesehen.
>
> Manchmal bat man bei Wund-Heilungen auch die Ahnen um Hilfe.

I 16.   Zaubersprüche

I 16. a)   1. Merseburger Zauberspruch

Zaubersprüche waren ein wichtiges Element bei der Heilung, da durch sie die Hilfe der Götter angerufen wurde bzw. die Krankheitsgeister vertrieben wurden.

Der folgende Zauberspruch zum Lösen von Fesseln ist um ungefähr 750 n.Chr. verfaßt, aber erst um ca. 900 n.Chr. niedergeschrieben worden. Er ist im Kloster von Merseburg in Sachsen-Anhalt gefunden worden ist. Er wendet sich an die Disen („Idise") um Hilfe, die als eine Gruppe von Müttern aufgefaßt wird.

Einst saßen Idise,
setzten sich die hehren Mütter.
Einige hefteten Fesseln,
einige reizten die Heere auf.
Einige klaubten herum
an den Volkesfesseln:
Entspringe den Haftbanden,
entkomme den Feinden.

Dies ist offenbar ein Entfesselungs-Zauberspruch.
Die „Idisen" sind „Disen", also Göttinnen. Möglicherweise sind hier Walküren gemeint. „Dise" ist die Femininform zu „Tyr" (siehe „Dise" in Band 36).

I 16. b)   2. Merseburger Zauberspruch

Dieser Zauberspruch ist ebenfalls um ca. 900 n.Chr. aufgezeichnet und im Kloster von Merseburg in Sachsen-Anhalt aufbewahrt worden.

Phol und Wodan begaben sich in den Wald .
Da wurde der Fuß des Fohlens des Baldur verrenkt:
Da besprach ihn Sinthgunt, die Schwester der Sunna,
Da besprach ihn Frija, die Schwester der Volla.
Da besprach ihn Wodan, wie er es wohl konnte.
So Beinrenkung, so Blutrenkung,

so Gliedrenkung:
Bein zu Bein, Blut zu Blut,
Glied zu Glied, wie wenn sie geleimt wären.

Der Name „Phol" könnte die männliche Entsprechung zu der ebenfalls in den Merseburger Zaubersprüchen auftretenden Fulla sein. Dann würden beide Namen „Fülle" bedeuten. Diese Deutung paßt jedoch nicht so ganz, da sich die beiden Namen „Phol" und „Volla" zwar ähnlich klingen, aber doch recht verschieden geschrieben werden. Die manchmal vorgeschlagene Gleichsetzung der beiden mit „Freyr" und „Freya" ist daher nicht ganz überzeugend.

Es wäre jedoch auch denkbar, daß sein Name sich von germanisch „fulae" für „Füllen, Fohlen" herleitet – dann wäre „Phol" nur der Name des Pferdes, das sich das Bein verrenkt hat. Falls dies zutreffen sollte, müßte „Phol" jedoch ein Gott sein, den es schon seit längerer Zeit gegeben hat, daß das germanische Wort für „Fohlen" in diesem Text „folon" und nicht „phol" lautet – beide Worte haben sich schon auseinanderentwickelt.

Da Wodan (Odin) das Bein des Pferdes heilt, besteht auch eine Assoziation zu Odins Roß Sleipnir. Sleipnir ist die Umdeutung der beiden Alcis-Pferdezwillinge vor dem Streitwagen des Tyr zu dem achtbeinigen „Doppelpferd" des Odin. Ursprünglich sind die beiden Rosse vor dem Streitwagen des Tyr dessen Söhne gewesen – dieses Motiv ist allerdings nicht von Odin übernommen worden. Dieser Zusammenhang bringt Phol (Alcis-Pferdesöhne des alten Göttervaters Tyr) und Baldur (Sohn des neuen Göttervaters Odin) recht nah zusammen.

Falls diese Deutung zutreffen sollte, würde Odin zugleich sein Roß und seinen Sohn heilen – was wiederum gut zu der Wiedergeburtsmythe des Odin-Sohnes Baldur passen würde. Wenn auch dieser Zusammenhang in dieser Weise von dem Dichter dieses Zauberspruches so beabsichtigt gewesen ist, wäre die Wiedergeburt des Baldur der mythologische Präzedenzfall, auf den diese magische Heilung Bezug nimmt – diese Heilung wird dadurch wirksam, daß sie die Heilung des Beines des Pferdes mit der Heilung, also der Rückkehr des Baldur nach dem Ragnarök ins Diesseits gleichsetzt.

Zu dieser Auffassung paßt auch, daß Wodan mit Phol in den Wald reitet und sich dann das Fohlen des Baldur das Bein verrenkt. „Phol" scheint somit mit „Baldur" identisch zu sein und das Pferd, um das es geht, ist das Roß des Baldur.

Man kann sich auch fragen, warum sich nicht einfach Odins Roß das Bein verrenkt – denn Zaubersprüche sollten, um effektiv zu sein, sich ganz auf das eigentliche Ziel konzentrieren und alle Ablenkungen fortlassen. Wenn es diesen Zauberspruch jedoch schon zu der Zeit gegeben hat, in der Tyr noch der Göttervater der Germanen gewesen ist, kann man die Anwesenheit des Baldur in diesem Zauberspruch durch die Umdeutung der Heilung eines seiner beiden Pferdesöhne durch Tyr zu der Heilung

71

des Pferdes des Baldur durch Baldurs Vater Odin erklären – „Baldurs Pferd" ist die bestmögliche Annäherung an „Tyrs Pferdesohn" gewesen.

Die Annahme, daß dieser Zauberspruch schon alt ist, wird dadurch bestätigt, daß es im indischen Atharva-Veda, der teilweise genauso alt wie der Rig-Veda ist, einen recht ähnlichen Zauberspruch gibt (siehe Abschnitt „II 3. a)" in diesem Buch und auch den unten folgenden Abschnitt von Jakob Grimm).

I 16. c) Jakob Grimm: Deutsche Mythologie

An die haftlieder reihen sich die wundsegen. den wuntsegen man im sprach. vergleiche den houptsegen, ougensegen, pferitsegen und wundensegen. mit zauberspruch wird die wunde schnell geheilt.

Auch das schwert erhält segen. swertes segen. segent er im daz swert. segen dîn swert.

Die andre Merseburger formel soll ein erlahmtes pferd heilen:

> *Phol ende Wôdan vuorun zi holza,*
> *dô wart demo Balderes volon sîn vuoz birenkit;*
> *dô biguolen Sinthgunt, Sunnâ era suister,*
> *dô biguolen Frûâ, Follâ era suister,*
> *dô biguolen Wôdan, sô he wola conda,*
> *sôse bênrenki, sôse bluotrenki*
> *sôse lidirenki . . . . . .*
> *bên zi bêna, bluot zi bluoda,*
> *lid zi giliden, sôse gelîmida sîn.*

Hier wird ein den göttern zugestoßnes abenteuer besungen, wie Wodan Balders ausgerenktes füllen durch besprechen (bigalan) geheilt habe. die hersagung des lieds heilt nun auch andere lahme rosse. Was die übrigen götter nicht vermögen, vermag Wôdan, gerade wie es Ynglinga saga 7 heißt: Oðinn kunni at gera með ordum einum at slöckva eld ok kyrra siâ, ok snûa vindum hverja leið er hann vildi. er ist also der größte zauberer oder wunderer von allen.

Nun höre man unter welchen gestalten diese beschwörung in dem heutigen volksaberglauben fortgepflanzt erscheint. in Norwegen:

> *Jesus reed sig til hede,*
> *da reed han sönder sit folebeen.*
> *Jesus stigede af og lägte det:*

Jesus lagde marv i marv,
been i been, kjöd i kjöd,
Jesus lagde derpaa et blad,
at det skulde blive i samme stad.

In Schweden gegen die pferdekrankheit flåg (flog, anflug):

Oden står på berget,
han spörjer efter sin fole,
floget har han fått. –
spotta i din hand och i hans mun,
han skall få bot i samma stund.

Eine andere hingegen hebt an:

Frygge frågade frå:
huru skall man bota
den flåget får?

Beide schwedische, offenbar unvollständige weisen theilt Magnusen mit.
   Daß in den Niederlanden ähnliche reime fortleben, ersehe ich aus einem briefe Halbertsmas, worin es heißt: een mijner boeven gaf my voorleden jaar een rijm, dat de toverdokters prevelden, terwijl zij den verrukten voet van een paard met de hand van boven naar beneden stroken en alzo genazen. er hätte mir den reim selbst sollen mittheilen.
   Bedeutsamer klingt die schottische, aus den fireside stories by Robert Chambers entnommne überlieferung.

   When a person has received a sprain, it is customary to apply to an individual practised in casting the wresting thread. this is a thread spun from black wool, on which are cast nine knots, and tied round a sprained leg or arm. During the time the operator is putting the thread round the affected limb, he says, but in such a tone of voice as not to be heard by the bystanders, nor even by the person operated upon:

the lord rade,
and the foal slade;
he lighted,
and he righted.
set joint to joint,

73

bone to bone,
and sinew to sinew.
heal in the holy ghosts name!

Hier dient der spruch noch für verrenkungen des menschlichen leibs, obgleich von dem gleiten des fohlen ausgegangen wird; zu den geraunten worten tritt aber noch eine ligatur des wollnen fadens in neun knoten.

Wie genau stimmt in diesen, von einander ganz unabhängigen fassungen das bên zi bêna, been i been, bone so bone, das lid zi giliden, kjöd i kjöd, sinew to sinew; wer an die treue dauer des im volk überlieferten nicht glauben kann, empfängt hier beispiele vom zehnten jahrhunderts bis auf heute in Deutschland, Schottland und dem Norden. sicher sind dieselben worte oder ähnliche zahllose mal in allen ländern deutscher zunge abergläubisch angewandt worden. der codex vaticanus enthält folgendes: ›gott wurden IIII nagel in sein hend und fuez geslagen, da von er IIII wunden enphie, do er an dem heiligen chreuz hing. die funft wunden im Longinus stach, er west nicht waz er an ihm rach ... an dem dritten tag gepot got dem lichnam, der in der erden lag, fleisch zu fleisch, pluet zu pluet, adern zu adern, pain zu pain, gelider zu gelidern, yslichs an sein stat. bei demselbigen gepeut ich dir fleisch zu fleisch u.s.w.‹

Aber noch mehr, weit höher hinauf, schon bei den ältesten Römern hafteten verrenkungssprüche, voll dunkler worte. der bereits aus Cato angeführte mag jetzt ganz folgen, weil er auf art und weise der deutschen formeln licht wirft.

Luxum si quod est, hac cantione sanum fiet. harundinem prende tibi viridem pedes IV aut V longam. mediam diffinde et duo homines teneant ad coxendices. incipe cantare ›in alio. s.f. motas vaeta daries dardaries astataries Dissunapiter‹, usque dum coeant. ferrum insuper jactato. ubi coierint et altera alteram tetigerit, id manu prende et dextra sinistra praecide. ad luxum aut ad fracturam alliga, sanum fiet, et tamen quotidie cantato ›in alio s.f. vel luxato. vel hoc modo, huat hanat huat ista pista sista, domiabo damnaustra, et luxato. vel hoc modo, huat haut ista sis tar sis ardannabon dunnaustra.‹

Auf diese beschwörung geht was Plinius am schluß von buch 17 sagt:

carminis verba inserere non equidem serio ausim, quanquam a Catone prodita, contra luxata membra, jungenda arundinum fissurae.

Die worte erscheinen uns jetzt unsinn und mögen auch verderbt sein; warum sollten sie aber nicht ursprünglich der sabinischen oder einer benachbarten sprache des alten Italiens, von welchen wir nur wenig wissen, zugehören. die reime ista pista sista oder die alliteration domiabo damnaustra (im folgenden dannabon dunnaustra

*erscheint das nemliche wieder, weshalb nochmals ista pista sista zu lesen sein wird)
erinnern an die reime des spruchs bei Virgil:*

> *limus ut hic durescit et haec ut cera liquescit uno eodemque igne, sic nostro
> Daphnis amore.*

In Dissunapiter steckt der gott, gleich dem Phol und Wodan unsrer sprüche.
*Marcellus Empiricus, ein arzt des 4. jahrhunderts, hat in seinem buche de medica-
mentis eine formel gegen herzweh:*

> *in lamella stannea scribes et ad collum suspendes haec, antea vero etiam
> cane: corcu ne mergito, cave corcu ne mergito cantorem, utos, utos, utos,
> praeparavi tibi vinum lene, libidinem, discede a nonita, in nomine dei Jacob,
> in nomine dei Sebaoth!*

> *jeg red mig engang igjennem et led,
> saa fik min sorte fole vred;
> saa satte jeg kjöd mod kjöd og blod mod blod,
> saa blev min sorte fole god.*

> *Floget (altnordisch flog dolor acris) botas genom denna lösning: floget och
> flömdet skall fly ur brusk och ben i stock och sten, i namn fader u.s.w.*
> *Då att upropas trenne gänger: trollet satt i berget, hästen feck floget, spott i
> hand, slå i mun, bot i samma stund.*

*Estnische beschwörungen stehn bei Kreutzwald und Neuss. über die heilung der
verrenkung in Lappland. man sagt noch von ungewaschenen reden, sie könnten
keinen lahmen gaul gesund machen. zum Catonischen verrenkungsspruch halte die
formel: mota et soluta.*
In Atharvaveda 4, 12 heißt ein solcher spruch:

> *Aufrichtend bist du, aufrichtend, aufrichtend das gebrochne bein,
> richte dies auf, Arundhati!
> Was dir verletzt, was dir gebrochen,
> das richte glücklich wieder ein der schöpfer dir mit glied an glied.
> Es werde dir durch mark das mark,
> es werde dir auch glied durch glied,
> was dir am fleisch vergangen ist,
> und auch der knochen wachse dir.
> Mark mit marke sei vereinigt,*

75

haut mit haut erhebe sich,
blut erheb' sich dir am knochen,
was da zerbrach, richt' ein, o kraut.
Steh auf, geh hin, du, eile fort,
wie schön an rad, felge und nab' ein wagen läuft!
Steh aufrecht fest!
Wenn in die grube stürzend es zerbrach,
oder ein stein, geworfen, hat getroffen,
zusammen wie des wagens theile,
so füge glied an glied der alf (ribhu)!

Im codex vindobonensis theologicus graecus werden lateinische und deutsche formeln zusammengestellt.

(De eo quo)d spurihalz dicimus. si in dextero pede contigerit, in sinistra
aure sanguis minuatur, si in sinistro pede, in dextera aure minuatur sanguis.
Ad vermes occidendos. Feruina (?) dei gracia plena. tu habes triginta quin-
que indices et triginta quinque medicinas. quando dominus ascendit ad coe-
los, ascendit memorare quod dixit. Ad apes conformandos. vos estis ancille
domini, adjuro vos per nomen domini ne fugiatis a filiis hominum. Ad pullos
de nido. crescite et multiplicamini et vivite et implete terram. Contra sagittam
diaboli. palamiasit. palamiasit. calamia insiti per omne corpus meum. per
ista tria nomina per patrem et filium et filium sanctum. aius aius aius sanctus
sanctus sanctus. in dei nomine cardia cardiani de necessu (? recessu) propter
illum malannum quod domnus papa ad imperatorem transmisit, quod omnis
homo super se portare debet. amen. tribus vicibus. De hoc quod spurihalz
dicunt. primum pater noster.

visc flôt aftar themo watare, verbrustun sîna vetherun,
thô gihêlida iua use druhtin, the selvo druhtin
thie gehêle that hors tliera spurihelti!

Contra vermes:

gang ût nesso mid nigun nessiklinon, ût fana themo marge an that bên. fan
themo bêne an that flês gût. fan themo flêsge an thia hûd, ût fan thera strâla!
druhtin werthe sô.

Der nesso, mit seinen neun jungen, ist das auszutreibende gewürm.

I 16. d)   Heilungszauber 29 aus dem Buch „Lacnunga"

Die erst in neuerer Zeit als „Lacnunga" („Heilmittel") bezeichnete Sammlung von Heilanweisungen umfaßt ca. 200 magisch-medizinische Rezepte, die um ca. 1050 n.Chr. in Südwestengland niedergeschrieben worden sind. Der größere Teil der in ihnen benutzten Magie beruht auf dem christlichen Weltbild, aber es gibt auch einige Anweisungen, die auf der germanische Weltsicht beruhen. Zudem gibt es viele Einzelinformationen über die Vorstellungen der Germanen, d.h. in diesem Fall der Angelsachsen in Südwestengland.

Das angelsächsische Wort „lacnunga" stammt letztlich von dem indogermanischen Verb „leg" für „Sammeln" ab – hier ist offenbar die Heilung durch Kräuter gemeint.

Der Heilungs-Kräutertrank Nr. 29, der durch das Rezitieren christliche Texte „aktiviert" wird, wurde gegen *„älfsidene"*, d.h. gegen den Einfluß von Alfen sowie gegen die Versuchungen des Teufels benutzt.

Hier sind aus den Alfen-Ahnengeistern bereits (Krankheits-)Dämonen geworden.

I 16. e)   Heilungszauber aus dem Buch „Lacnunga"

Viele Zaubersprüche in diesem Buch wenden sich allgemein gegen das „Alfen-Geschlecht" und gegen „Nächtliche Troll-Besucher", von denen man offenbar allerlei Schädigungen erwartet hat.

I 16. f)   Heilungszauber aus dem Buch „Lacnunga"

Mehreren Zaubersprüche sind gegen den „Elfenschuß", der einen Menschen oder ein Pferd getroffen hat, gerichtet. Damit dürfte der Vorläufer des späteren „Hexen-schusses" gemeint sein.

I 16. g)   Heilungszauber aus dem Buch „Lacnunga"

Ein Zauberspruch ist gegen die „Wasserelfen-Krankheit" gerichtet. Die Indikation für diesen Spruch wird wie folgt angegeben:

Wenn jemand die Wasserelfen-Krankheit hat, dann sind seine Fingernägel bleich und die Augen tränen und er will nach unten schauen.

Hier scheinen die Wasserelfen eine Art von Depression zu verursachen.

I 16. h)   Heilungszauber 25 aus dem Buch „Lacnunga"

In diesem Zauber gegen ein Geschwür werden christliche und möglicherweise unverstandene germanische Texte miteinander kombiniert. Das neunmalige Rezitieren dieser Texte stammt vermutlich aus der germanischen Umschreibung des Jenseits und sekundär auch der Jenseitsgöttin mithilfe der Zahl „9". In diesem Zauber-Text kommen auch Dreifach-Nennungen vor – die „3" ist ursprünglich ein Hinweis auf den Sonnenzyklus und somit auch auf Tyr gewesen.
Der nicht-christliche Teil des Zauberspruches lautet:

Tigath tigatt tigath calicet aclu cluel sedes adclocles acre earcre arnem nonabiuth 'r 'rnem nithren arcum cunath arcum arctua fligara uflen binchi cutern nicuparam raf afth egal uflen arta arta arta trauncula trauncula.

Dies sind keine angelsächsischen Worte, sondern „Phantasieworte". Die Indianer Nordamerikas nennen solche Sprüche „Geistersprachen-Worte". Diese Art von Text findet sich recht häufig in Zaubersprüchen vieler Völker.

I 16. i)   Heilungszauber 144 aus dem Buch „Lacnunga"

In diesem Zauberspruch soll man je einmal mit einem Eichenstab in die vier Himmelsrichtungen schlagen und dreimal einen christlichen Text vortragen.
Die vier Himmelsrichtungen spielten zwar in der germanischen Tradition eine Rolle, aber auch in so gut wie jeder anderen Mythologie, sodaß sich ihr Ursprung nicht feststellen läßt. Der Eichenstab könnte auf Thor weisen, da die Eiche der Baum des Donnergottes ist – aber auch diese ist nur eine Möglichkeit, aber keinesfalls eine Gewißheit.
Das dreimalige Vortragen könnte sich auf den die „3" als Symbol des Sonnenzyklus beziehen, aber auch auf die christliche Dreieinigkeit.

I 16. j) Heilungszauber 183 aus dem Buch „Lacnunga"

In diesem Zauber wird empfohlen, das von einer Jungfrau aus einer Quelle, die nach Osten hin abfließt, Wasser holen zu lasen und dieses anschließend mit christlichen Gebeten zu besprechen und dann zu trinken.

Die Quellen spielen auch in den Mythen der Germanen eine wichtige Rolle, da sie das Tor zum Jenseits und somit auch zu der Göttin (Frigg/Freya, Hel, Nornen) sind. Die Jungfrau holt mit dem Wasser somit wahrscheinlich den Segen der Göttin. Der Osten ist vermutlich ein Hinweis auf den Sonnenaufgang und somit die Genesung.

I 16. k) Heilungszauber aus dem angelsächsischen „Kräuterbuch"

In diesem alten angelsächsischen Heilungs-Buch, dessen Zaubersprüche teilweise noch aus der Zeit deutlich vor König Alfred dem Großen, der von 848 - 899 n.Chr. lebte, stammen, finden sich auch schlichte Heilungs-Anweisungen:

Gegen Sonnenbrand koche zarte Efeu-Zweige in Butter und schmiere Dich damit ein.

I 16. l) Heilungszauber aus dem angelsächsischen „Kräuterbuch"

Es gab sehr viele Zaubersprüche gegen Haarausfall – in ihren wesentlichen Bedürfnissen unterschieden sich die Angelsachsen vor 1000 Jahren nicht allzusehr von den heutigen Europäern …

Wenn einem Mann die Haare ausfallen, dann bereite ihm eine Salbe.
Nimm eine Menge an Wolfs-Verderben (Eisenhut) und Natternkopf und den unteren Teil der Großen Klette, mache dann eine Salbe aus diesen Kräutern – aus allen diesen Kräutern und aus Butter, aus der noch kein Wasser herausgelaufen ist.

I 16. m) Heilungszauber aus dem angelsächsischen „Kräuterbuch"

Wenn der Mann schon kahlköpfig ist, sagt Plinius, der große Kräuter-Gelehrte in seiner Kräuterkunde:

Nimm tote Bienen, verbrenne sie zu Asche, füge Öl hinzu, laß es dann lange über glühenden Kohlen sieden, seihe es dann durch und wringe es aus. Nimm dann Weidenblätter, mahle sie, gieße ihren Saft in das Öl, siede es wieder eine Weile auf glühenden Kohlen, seihe es und schiere es nach einem Bad (auf den Kopf).

In diesem Rezept des Römers Plinius, der von 23 -79 n.Chr. gelebt hat, sollen vermutlich die Stacheln der Bienen die neuen Haare, die durch die Weidenblätter verkörpert werden, in der Kopfhaut verankern.

I 16. n)   Heilungszauber aus dem Buch „Lacnunga"

Manche Rezepturen erschienen anscheinend auch den Schreibern, die sie in den Büchern niederschrieben, recht merkwürdig zu sein:

Einige lehren uns, gegen den Biß einer Otter nur das eine Wort 'falsch' zu sprechen. Nun, das wird ihm zumindestens nicht schaden.
Wenn ein Mann sich nach dem Biß einer Schlange Rinde aus dem Paradies besorgt und ißt, wird ihm das Gift keiner Schlange schaden können. Der Schreiber dieses Buches findet jedoch, daß diese Rinde ziemlich schwer zu beschaffen ist.

I 16. o)   Heilungszauber 56 aus dem Buch „Lacnunga"

Dieser Zauberspruch gegen Warzen muß zunächst in das linke Ohr, dann in das rechte Ohr und schließlich über dem Kopf des Mannes gesungen werden. Dann muß er an drei Tagen nacheinander von einer Jungfrau dem Mann um den Hals gelegt werden. Danach wird der Mann gesund sein, verspricht das Rezept.

Hier kam ein Spinnen-Geist herein.
Er hatte seine Hände auf seinen Hüften.
Er sagte, daß Du sein Wagen wärst.
Lege Dich gegen seinen Nacken.
Dann beginne aus diesem Land fortzusegeln.
Sobald sie das Land verlassen haben,
beginnen sie kalt zu werden.
Sie gelangten in die Schwester eines wilden Tieres.
Dann verendete sie.

Und sie schwor Eide,
daß dies nie mehr die Kranken plagen wird,
und nie mehr den, der diesen Zauberspruch kennt,
und nie mehr den, der diesen Zauberspruch singt.
Amen.
Fiat.

Die Intensität der in diesem Zauber benutzten Bilder sind beeindruckend – man sollte die Suggestionskraft eines solchen Spruches nicht unterschätzen …

Die Übertragung einer Krankheit auf ein anderes Lebewesen (hier die „Schwester des wilden Tieres") war damals eine geläufige Praxis.

Der Spinnen-Geist hat die Krankheit gebracht.

Der Geist hat von dem Kranken Besitz ergriffen und ihn beherrscht – der Kranke ist der „Wagen" des Geistes.

Das „Fortsegeln" des Krankheitsgeistes ist die Wirkung des Zauberspruches.

I 16. p) „With Färstice" aus dem „Lacnunga"

Manche Zauber beziehen sich auch auf Mythen und Sagen, wodurch die Krankheit so besiegt werden soll, wie einst der Gott bzw. Held ein Hindernis überwunden hat.

„With Färstice" sind die Anfangsworte eines angelsächsischen Zauberspruches gegen einen plötzlichen Stich, also gegen einen „Hexenschuß".

Gegen einen plötzlichen Stich: Fieberkraut und die rote Nessel, die bei Häusern wächst, und Wegerich – in Butter kochen.

„Laut waren sie – oh, laut!,
als sie über das Land ritten;
Grimmig im Herzen waren sie,
als sie über Hügel ritten!
Ergreife nun Deinen Schild,
von dieser Bedrohung
wirst Du entkommen!
Hinaus, kleiner Speer, wenn Du hier innen bist!

Ich stand hinter einem Lindenholz-Schild,
hinter einem leichten Schild,
als diese mächtigen Frauen (Krankheits-Bringerinnen)

81

ihre Streitmacht versammelten.
Und schreiend ihre Speere durch die Luft sandten!
Ich werde ihnen einen anderen zurücksenden!
Pfeil fliegt fort, ihnen entgegen!
Hinaus, kleiner Speer, wenn Du hier innen bist!

Da saß ein Schmied
und schmiedete ein kleines Messer,
eiserne Waffen, überaus wundervoll.
Hinaus, kleiner Speer, wenn Du hier innen bist!

Sechs Schmiede saßen dort,
schmiedeten Schlacht-Speere.
Hinaus, kleiner Speer!
Nicht hinein, kleiner Speer!

Wenn sich sich hier innen
ein Splitter harten Eisens verbirgt,
das Werk eine Hexe,
dann wird er zerschmelzen!

Wenn Du in die Haut geschossen worden bist oder in das Fleisch,
wenn Du in das Blut geschossen worden bist oder in die Knochen,
wenn Du in die Glieder geschossen worden bist:
Niemals wird Dein Leben Schaden nehmen!

Dies vertreibt den Esa-Schuß!
Dies vertreibt den Elfen-Schuß!
Dies vertreibt den Hexenschuß!
Ich bringe Dir Hilfe.

Fliehe, Hexe, zu den wilden Hügelkuppen!

Dies ist ein Heilmittel gegen den Schuß von bösen Geistern,
dies ist ein Heilmittel gegen den Schuß eines Elfen,
Dies ist ein Heilmittel gegen den Schuß einer Hexe:
Ich werde Dir helfen: Speer, fliege in den Berggipfel!!!

Du bist gesund. Gott möge Dir helfen."

Dann nehme das Messer und tauche es in die Flüssigkeit

„Fieberkraut" kann mehrere Pflanzen sein: Fieberkraut oder auch Haariger Odermennig, Bertramwurz, Persische Insektenblume, Rote Wucherblume, Zierkamillie, Falsche Kamille, Römische Kamille und Mutterkraut.

„Rote Nessel" kann mehrere Pflanzen sein: Rote Taubnessel oder auch Schmalblättriger Hohlzahn, Ackerhohlzahn, Breitblättriger Hohlzahn und Ackertaubnessel (unwahrscheinlich).

Statt des Wegerichs könnte auch der Breitwegerich gemeint sein.

Leider wird nicht gesagt, was mit dem Messer getan wird, nachdem es in die Butter getaucht worden ist, in der Fieberkraut, Rote Nessel und Wegerich gekocht worden ist.

Die leicht variierten Wiederholungen sind ein typisches Merkmal der germanischen Zaubersprüche in dem klassischen „galdr-Stil".

Man kann von diesem Zauberspruch einiges über Affirmation lernen: Sie sind bildhaft, lyrisch, präzise, konzentriert, benennen die Krankheit und spielen sie nicht herab, schließen alle Ursachen und Möglichkeiten mit ein, nehmen Bezug zum Körper, versichern den Kranken der Hilfe des Heilers, werden wiederholt, steigern sich und nehmen Bezug auf Gott. Was will man mehr?

I 16. q)   Neunkräuter-Zauberspruch aus dem „Lacnunga"

Dieser Heilungs-Zauberspruch wird manchmal auch „Neunkräuter-Segen" genannt.

*Erinnere Dich, **Beifuss**, was Du verkündet hast,*
was Du bekräftigt hast bei der Verkündung vor Gott.
„Eine" heißt Du, ältestes Kraut.
Du hast Macht gegen 3 und gegen 30,
Du hast Macht gegen Gift und gegen das Heranfliegende,
Du hast Macht gegen das Übel, das über Land fährt.

Aus der Sonnenzyklus-3 ist hier durch die Umdeutung des ehemaligen Sonnengott-Göttervaters Tyr bereits die Krankheitsriesen-3 geworden.

Die „30" ist einfach eine „große 3". Siehe zu der Zahlensymbolik der (Indo-)Germanen auch den Band 47.

*Und Du, **Wegerich**, der Kräuter Mutter,*
nach Osten geöffnet, im Innern mächtig;
über Dir knarrten Wagen, über Dir weinten Frauen,
über Dir schrien Bräute, über Dir schnaubten Stiere.
Allen hast Du widerstanden, und Dich widersetzt;
ebenso widerstehe dem Gift und dem Heranfliegenden
und dem Übel, das über Land fährt.

Hier wird beschrieben, wer alles über den Wegerich gelaufen und gefahren ist, der auf dem Weg wächst.

Schaumkraut *heißt dieses Kraut, es wuchs auf dem Stein;*
es steht gegen Gift, es widersetzt sich dem Schmerz.
„Stark" heißt es, es widersetzt sich dem Gift,
es verjagt den Feind, wirft das Gift hinaus.
Dies ist das Kraut, das gegen die Schlange focht,
dies hat Macht gegen Gift, es hat Macht gegen das Heranfliegende,
es hat Macht gegen das Übel, das über Land fährt.

Das „Heranfliegende" ist die Ansteckung mit einer Krankheit, also der Krankheitsgeist bzw. in heutigen Begriffen die Bakterien oder die Viren.

*Vertreibe Du nun, **Heilziest**, Du kleineres Kraut das größere Gift,*
Du größeres Kraut das kleinere Gift, bis er von beiden genest.

*Erinnere Dich, **Kamille**, was Du verkündet hast,*
was Du entgegnet hast bei der Erschaffung;
daß niemals jemand durch etwas Herangeflogenes das Leben verliere,
nachdem man ihm Kamille zur Speise bereitet habe.

*Dies ist das Kraut, das **Nessel** heißt;*
das entsandte der Seehund über dem Rücken der See
zur Hilfe gegen die Bosheit von einem anderen Gift.
Es steht gegen Schmerz, widersetzt sich dem Gift,
es hat Macht gegen 3 und gegen 30,
gegen die Hand des Feindes und gegen unheilvolle Machenschaften,
und gegen Behexung gemeiner Wesen.

Das Jenseits ist eine Insel im Meer. Von dort bringt der Seehund (Tyr-Heimdall) die Heilmittel zu den Menschen in das Diesseits.

*Dort sprach der **Apfel** gegen das Gift,*

...

Diese Äpfel sind wahrscheinlich die Äpfel der Wiedergeburt der Göttin Idun, die auch aus den Mythen der Kelten, Slawen und Griechen bekannt sind – und in entstellter Form auch aus der Bibel (Evas Äpfel).

***Kerbel** und **Fenchel**, zwei sehr mächtige,*
diese Kräuter schuf der weise Herr,
der Heilige im Himmel, als er hing;
setze und sandte sie in 7 Welten
den Armen und Reichen, allen zur Hilfe.

Der „hängende Heilige im Himmel" ist entweder Odin oder Christus.

Die „sieben Welten" stammen aus der nahöstlichen Astrologie und entsprechen den sieben Planeten, die mit bloßem Auge sichtbar sind.

Diese 9 haben Macht gegen neun Gifte.
Eine Schlange kam gekrochen, zerriß einen Menschen;
da nahm Wodan 9 Zauberzweige,
erschlug da die Natter, daß sie in 9 Stücke zerbarst.
daß sie niemals mehr ins Haus kriechen wollte.

„Diese 9" sind die neun genannten Kräuter. Die „9" selber ist die Zahl des Jenseits, aus dem auch die Heilung der Krankheiten kommt.

Die „Zauberzweige" heißen im Original „wuldor-tanas". Das Wort „wuldor" bedeutet „Ruhm, Strahlen, Göttliches, Himmlisches, Mächtiges, Zauber".

In dieser Strophe ist die Schlange der Krankheitsgeist. Seine Tötung durch Wotan (Odin) ist das Urbild aller Heilungen. Die „9" symbolisiert bei der Schlangentötung den Tod selber. Hier werden neun Kräuter benutzt, die den neun Zweigen des Odin entsprechen, um den neunfachen Tod zu bannen. Diese Zauberzweige entsprechen der ursprünglichen Bedeutung der Mistel, die die Wiedergeburt des Sonnengott-Göttervaters Tyr symbolisiert hat – bevor sie später zu der Todesursache des Sonnengottes Baldur umgedeutet worden ist.

Nun haben diese 9 Kräuter Macht gegen neun mächtige Heranfliegende,
gegen 9 Gifte und gegen neun ansteckende Heranfliegende,
gegen das rote Gift, gegen das stinkende Gift,
gegen das weiße Gift, gegen das purpurne Gift,
gegen das gelbe Gift, gegen das grüne Gift,

85

gegen das bleiche Gift, gegen das blaue Gift,
gegen das braune Gift, gegen das karminrote Gift,
gegen Schlangenblähungen, gegen Wasserblähungen,
gegen Dornblähungen, gegen Distelblähungen
gegen Eisblähungen, gegen Giftblähungen,
wenn irgendein Gift kommt von Osten geflogen,
oder irgendeins von Norden ... kommt,
oder irgendeins von Westen über die Menschheit.
Christus stand über Krankheit jeder Art.

Die neun „mächtigen Heranfliegenden" sind die Krankheitsgeister. Das Adjektiv „mächtig" ist im Original wieder das Wort „wuldor".

Das angelsächsische Substantiv „gebläd" wird normalerweise mit „Blattern" übersetzt, aber „Blähungen" ist ein passenderer Name, da sich dieses Wort von dem Verb „geblädan" für „aufblasen" ableitet.

Der Krankheitsname „Dornblähungen" („thorngebläd") könnte eine Anspielung auf die Rune „thorn" sein, die „Dorn" bedeutet und ursprünglich das Schwert des Tyr symbolisiert hat, aber später als schadenbringender Troll aufgefaßt worden ist, nachdem Tyr um 500 n.Chr. zu einem unheilvollen Jenseitsriesen umgedeutet worden ist.

Die „Eisblähungen" („ysgebläd") könnten eine Anspielung auf die Rune „Is" sein.

In der durch „..." markierten Lücke stand vermutlich „oder Süden", sodaß dann alle vier Himmelsrichtungen aufgezählt worden wären.

Ich allein weiß ein rinnendes Wasser
das neun Nattern in seiner Nähe bewachen;
mögen alle Kräuter nun von ihren Wurzeln aufspringen,
die Seen sich öffnen, all das Salzwasser,
wenn ich dieses Gift von dir blase.

Beifuss, **Wegerich** *der nach Osten offen ist,* **Schaumkraut**, **Heilziest**, **Kamille**, **Nessel**, **Wildapfel**, **Kerbel** *und* **Fenchel**, *alte Seife. Stoße die Kräuter zu Staub, menge sie mit der Seife und mit dem Saft des Apfels. Mache einen Brei aus Wasser und aus Asche, nimm Fenchel, koche ihn in dem Brei und erwärme es mit Ei-Gemisch, wenn er die Salbe auftut, sowohl vorher als nachher. Singe diesen Zauberspruch dreimal über jedem dieser Kräuter, bevor Du sie bearbeitest und über den Apfel ebenso; und singe dann dem Mann in den Mund und in beide Ohren und auf die Wunde den gleichen Zauberspruch, bevor Du die Salbe auftust.*

Auch bei diesem Zauberspruch ist die Stärke der Bilder beeindruckend.

I 16. r)   Heilungszauber aus dem Buch „Lacnunga"

Diese Heilungsanweisung ist ein Bannungs-Zauber.

Zu neunt waren die Nodde-Schwestern,
dann wurden aus den neun acht,
und aus acht sieben,
und aus sieben sechs,
und aus sechs fünf,
und aus fünf vier,
und aus vier drei,
und aus drei zwei,
und aus zwei eine,
und aus einer keine.

Dies ist eine Medizin für Dich gegen Halsdrüsengeschwüre und gegen Würmer und gegen jedes Übel. Singe außerdem neunmal das Benedictine.

Diese Art von Bannungszauber, das die „Salami-Taktik" der schrittweisen Reduzierung des Unerwünschten benutzt, hat zu dem (heute aus Rassismus-Gründen nicht mehr benutzten) Kinderlied „Zehn kleine Negerlein …" inspiriert.

I 16. s)   Erd-Heilungszauber aus dem Buch „Lacnunga"

Dies ist ein Heilmittel, mit dem Du Dein Land verbessern kannst, wenn es nicht gut wächst oder wenn ihm etwas Schädliches durch einen Zauberer oder einen Zaubertrankmischer angetan worden ist.
Nimm des Nachts vor der Morgendämmerung vier Grassoden von den vier Seiten Deines Landes und markiere die Stellen, von denen Du sie genommen hast.
Dann nimm Öl und Honig und Hefe und Milch von jedem Tier, das auf dem Land ist, und einen Teil von jeder Art von Baum, der auf dem Land wächst außer von den harten Hölzern, und zudem ein Teil von allen Kräutern, die mit Namen bekannt sind außer der großen Klette, und übergieße sie mit Heiligem Wasser und tröpfle dies auf die Unterseiten der Grassoden und sprich dabei neunmal die Worte:

„Crescite, wachse,
et mulitplicamini und vermehre Dich,
etreplete und fülle Dich,

87

terre, Erde.

In nomine patris
et filii et spiritus sancti
sit benedeti. "

    Und danach sprich ebensooft das Vaterunser.

    Trage dann die Grassoden in eine Kirche und lasse eine Meßpriester vier Messen über den Soden singen und lasse jemanden die grünen Seiten zum Altar hin wenden und lasse danach, bevor die Sonne untergeht, jemanden die Grassoden wieder dorthin bringen, von wo Du sie genommen hast.
    Und laß vier Christus-Zeichen (Kreuze) *aus Ebereschenholz machen und darauf an jedes Ende 'Matthäus und Marcus, Lukas und Johannes' schreiben. Lege das Christus-Zeichen auf den Grund der Gruben* (die die entnommenen Grassoden hinterlassen haben) *und sprich dabei:*

„ crux Matthäus,
crux Marcus,
crux Lucas,
crux sanctus Iohannes. "

    Nimm dann die Grassoden und lege sie auf sie (die Kreuze) *und sprich neunmal die Worte:*

„ Crescite, wachse,
et mulitplicamini und vermehre Dich,
etreplete und fülle Dich,
terre, Erde.

In nomine patris
et filii et spiritus sancti
sit benedeti. "

    Und danach sprich ebensooft das Vaterunser.
    Wende Dich danach Osten, verbeuge Dich neunmal ehrfürchtig und sprich dann diese Worte:

„ Ostwärts stehe ich, um Gnade bitte ich,
ich bete zu dem Großen Domine, ich bete zu dem Großen Herrn,

Ich bete zu dem heiligen Schutzengel des Himmels-Königreiches,
ich bete zu der Erde und zu dem Himmel
und zu der wahrhaft sankta Maria
und zu des Himmels Macht und zu des Himmels Halle,
daß ich diesen Galdor (Zauberspruch) durch das Geschenk des Herrn
mit meinen Zähnen öffnen (sprechen) und fest sprechen kann,
daß ich diese Pflanzen für unseren weltlichen Gebrauch hervorufen kann,
daß ich dieses Land mit festem Glauben erfüllen kann,
daß ich diesen Grasboden schön werden lassen kann,
so wie der Weise gesagt hat, daß der reich sein werde,
der Almosen gerecht gibt in der Gnade des Herrn. "

Drehe Dich dann dreimal in der Richtung des Sonnenlaufes, strecke Dich dann hoch auf und zähle dann die Litanien auf und sprich anschließend:

„Sanctus, sanctus, sanctus " – bis zum Ende.

Singe dann das Benedicte mit ausgestreckten Armen dreimal und ebenso das Magnificat und das Vaterunser und befiehle es (das Land) dann Christus und der Heiligen Maria an und auch dem heiligen Kreuz für deren Lobpreisung und Verehrung und für den Nutzen dessen, dem das Land gehört, und für alle, die ihm dienen.

Wenn dies geschehen ist, lasse einen Mann von Bettlern, denen er sich nicht zu erkennen gibt, Saatgut nehmen und ihnen doppelt soviel zurückgeben, wie er ihnen genommen hat und laß ihn all seine Pflug-Gerätschaften zusammenholen. Dann laß ihn ein Loch in den Balken (seines Pfluges) bohren und Weihrauch und Fenchel und geheiligte Seife und geheiligtes Salz hineinstecken.

Dann nimm die Saat, lege sie auf den Leib des Pfluges und sprich:

„Erce, Erce, Erce, Erd-Mutter,
Möge Dir der Allherrscher, der ewige Herr,
gedeihende und blühende Felder gewähren,
die sich fortpflanzen und die kräftiger werden,
hohe Stiele, glänzendes Getreide,
fülliges Gesten-Korn
und weißes Weizen-Korn
und all der Erde Getreide!
Möge der ewige Herr
und seine Heiligen, die im Himmel sind, ihm gewähren,
daß all seine Ernte gegen welche Feinde auch immer geschützt ist,
daß es gegen jeglichen Schaden geschützt ist,

und auch gegen Gifte, die rings um das Land verstreut werden.
Nun bitte ich den Meister, der diese Welt gestaltet hat,
das keine Zauberspruch-Frau und kein kunstfertiger Mann
diese gesprochenen Worte umstoßen kann. "

„Erce" bedeutet „Erde" und ist auch ein Name der Erdgöttin.
„Kunstfertig" bedeutet hier „zauberkundig".

Dann laß einen Mann den Pflug vorantreiben und die erste Ackerfurche ziehen und
sprich:

„Mögest Du heil sein, Erde, Mutter der Menschen!
Mögest Du in Gottes Umarmung wachsen,
erfüllt von Nahrung für das, was die Menschen brauchen. "

Nimm dann von jeder Sorte Mehl und laß jemanden ein Brot backen von der Größe
einer Handfläche und knete es mit Milch und mit Weihwasser und lege es unter die
erste Ackerfurche.
Dann sprich:

„Feld voll von Nahrung für die Menschheit,
hell-blühend, sei gesegnet,
in dem heiligen Namen dessen, der den Himmel geformt hat
und die Erde, auf der wir leben;
Gott, der den Boden erschaffen hat – gewähre uns das Geschenk des Gedeihens,
daß wir alle Korn für uns haben. "

Sprich dann dreimal:

„Crescite in nomine patris, sit benedicti. " (Wachse im Namen des Vaters, sei
gesegnet.)

Sprich dann:

„Amen. "

Und dreimal das Vaterunser.

Auch die Bilder und die Gesten dieses schon mehr christlichen als germanischen
Zauberspruches haben eine beeindrucke Stärke.

I 16. t)   Kräuterbuch aus dem 12. Jahrhundert

Die folgenden Verse sind ein Gebet der Kräutersammler an die Erdgöttin.

Erde, göttliche Mutter,
Mutter Natur, die Du alle Dinge hervorbringst
und die Du die Sonne neu gebierst,
die Du allen Völkern gegeben hast;
Wächterin des Himmels und des Meeres
und aller Götter und Mächte,
durch Deine Macht wird die ganze Natur still
und sinkt in Schlaf.
Und dann bringst Du wieder das Licht zurück
und vertreibst die Nacht
und dann bedeckst Du uns wieder
aufs Sicherste behütet mit Deinen Schatten.
Du trägst in Dir das unendliche Chaos,
ja, und Winde und Regen und Stürme;
Du sendest sie aus, wann Du willst
und läßt die See sich emporbäumen;
Du vertreibst die Sonne und erweckst den Sturm.
Und wenn Du willst, sendest Du den frohen Tag aus
und gibst die Speise für das Leben in ewiger Gewißheit;
und wenn die Seele fortgeht, dann kehren wir zu Dir zurück.
Du wirst mit Recht die große Mutter der Götter genannt;
Du herrschst durch Deinen göttlichen Namen.
Du bist die Quelle der Stärke der Völker und der Götter,
ohne Dich kann nichts vollendet oder geboren werden,
Du bist die Königin der Götter.
Göttin! Ich verehre Dich als göttlich,
ich rufe Deinen Namen an,
gib mir gerne das, worum ich Dich bitte.
Dann werde ich Dir meinen Dank geben, Göttin,
in ungeteiltem Vertrauen!

Höre mich, ich rufe Dich an,
und gewähre mir die Erfüllung meines Gebetes.
Welches Kraut auch immer Deine Macht erschaffen hat,
gib' es, darum bitte ich, freigiebig allen Völkern,
um sie zu erretten und um mir dieses Heilmittel zu geben.

Komme zu mir mit Deiner Macht,
und für wen auch immer ich sie benutze,
mögen sie Erfolg haben,
bei jedem, dem ich sie gebe!
Was immer Du tust, laß' es gedeihen!
Zu Dir kehren alle Dinge zurück.
Die, die rechtens diese Kräuter von mit erhalten,
laß' sie heil werden!
Göttin, ich bitte Dich,
ich bete zu Dir, daß Du, die Gebende,
mir dieses in Deiner Herrlichkeit gewährst!

Nun stelle ich diese Fürbitte
an euch alle, ihr Mächte und Kräuter
und an Deine Herrlichkeit,
an euch, die die Erde geboren hat,
die euch allen Völker als Heilmittel gegeben hat,
die euch Herrlichkeit gegeben hat;
ich bitte euch,
seid der Menschheit von größtem Nutzen!
Dies erbete ich und erbitte ich von euch:
Seid hier mit euren Gaben,
denn die, die euch erschaffen hat,
hat versprochen,
daß ich euch im Wohlwollen dessen sammeln kann,
dem die Kunst der Heilkräuter verliehen wurde,
und gewährt um der Gesundheit willen
gute Heilmittel durch eure Macht!
Ich bitte euch,
gewährt mir durch eure Gaben,
daß das, was immer durch mich geschaffen wird,
eine gute und schnelle Wirkung
und einen guten Erfolg hat
und daß es mir immer erlaubt sein wird,
durch die Gunst eurer Herrlichkeit
euch in meinen Händen zu sammeln
und eure Früchte aufzulesen.
Ich danke euch im Namen der Herrlichen,
die euch eure Geburt gegeben hat!

I 16. u) Heilstab von Ribe

Dieser Stab, der um ca. 1300 n.Chr. in Ribe, der ältesten Stadt Dänemarks (im Südwesten Dänemarks) hergestellt worden ist, enthält eine germanisch-christliche Runeninschrift, die wie folgt lautet:

Ich bitte die Erde zu wachen
und auch den Himmel oben,
die Sonne und die Heilige Maria
und den Herrgott selber,
daß er mir heilende Händen gewährt,
und eine heilende Zunge,
um den Zitterer zu heilen,
wenn er eine Behandlung braucht
an Rücken und Brust,
an Leib und Glied,
an Augen und Ohren,
an jedem Platz, an dem das Böse eintreten kann.
Ein Stein wird „Dunkler" genannt;
er ragt aus der See empor.
Auf ihm liegen neun Nöte.
Sie sollen weder gut schlafen
noch warm werden
bis es Dir wieder besser geht -
dafür habe ich diese Runen
Worte aussprechen lassen.
Amen. So sei es.
(Kreuzzeichen)

Der „Zitterer" könnte die Malaria, die Epilepsie oder eine andere Krankheit sein, die ein starkes Zittern als Symptom aufweist.

Der Sprache dieses Zauberspruches nach zu urteilen ist er aus einem älteren norwegischen Spruch umgeformt worden, der möglicherweise noch rein germanisch gewesen ist.

Die neun Naudir („Nöte") sitzen auf einem dunklen Felsen im Meer. Dies klingt ganz nach der Jenseitsinsel, zumal die „9" die Jenseits-Zahl ist. Man scheint also davon ausgegangen zu sein, daß diese „Naudir" wie der Tod, die man als die größte aller Krankheiten ansah, aus dem Jenseits kamen. Diese Naudir sind die Krankheitsgeister – sie gehen evtl. auf die Nornen und Walküren zurück.

I 16. v)   „Zauber gegen Ohnmacht und Krankheit beim Vieh"

(Galdrbok, Island, ca. 1600 n.Chr.)

Man muß das Symbol des Schreckenshelmes seinem Vieh anheften oder einschneiden, wenn es ohnmächtig wird oder krank ist; den ersten sollte man auf die linke Schulter und den zweiten auf die rechte Schulter platzieren.

I 16. w)   Zusammenfassung

Die Zaubersprüche wenden sich oft an eine Göttin (Göttin, Erde, Dise, Sinthgunt und Sunna (=Sonne), Freya und Volla), um von ihr Hilfe zu erhalten.

Männliche Götter (Tyr/Odin/Wotan, Baldur, Alcis) erscheinen nur selten.

Es gibt auch Zaubersprüche für die Heilung von Tieren und für die Erde – zwischen der Heilung von Menschen, Tieren und Pflanzen wurde offenbar nicht unterschieden, denn das Vorgehen ist sehr ähnlich.

Ein guter Teil der Zaubersprüche dient dem Vertreiben von Geistern bzw. der Aufhebung des durch sie verursachten Schadens, der als ein Pfeilschuß oder Speerwurf von Hexen, Elfen, Zwergen u.ä. aufgefaßt worden ist.

Die Zaubersprüche waren manchmal Teil von komplexen Ritualen, in denen Kräuter, Stäbe, Quellwasser u.ä. verwendet worden sind, in denen die Himmelsrichtungen und vor allem die Sonnenaufgangs-Richtung Osten eine Rolle spielen, die verschiedene Handlungen enthielten usw. Auch die Zahlen „3" (Sonnenzyklus und sekundär Tyr) und „9" (Jenseits und sekundär die Jenseitsgöttin) werden des öfteren verwendet.

Die Texte selber enthalten manchmal Analogien zu Mythen, Steigerungen und Aufzählungen und sind in einigen Fällen sehr lyrisch, bildhaft, ergreifend und beeindruckend. Die längeren, eindrucksvollen Texte haben große Ähnlichkeit mit dem Skirnir-Fluch oder mit dem Windzauber des keltischen Druiden-Barden Taliesin – sie werden daher entweder aus den keltisch-germanischen Kult-Texten stammen oder ihnen nachgebildet worden sein.

Es wurden auch gerne lateinisch-christliche und germanische Textpassagen kombinieren – doppelt hält besser …

I 17.   Heil-Runen

I 17. a)   Odins Runenlied

Da die Runen seit ca. 100 v.Chr. allmählich zu einem Teil der germanischen Kultur geworden sind und vor allem für die Magie verwendet wurden, finden sie auch in der Heilung Anwendung – und natürlich auch im Schadenszauber, der hier jedoch nicht aufgeführt ist (siehe auch „Runen" in Band 72).

Ein andres (eine Rune) *weiß ich, dessen alle bedürfen, / die heilkundig heißen.*

I 17. b)   Das erste Lied über Sigurd Fafnir-Töter

Gripir:
„Sie wird Dich Reichen Runen lehren,
Alle, die Menschen wissen möchten,
Dazu in allen Zungen reden,
Und heilende Salben: so Heil Dir, König!"

I 17. c)   Sigdrifa-Lied

Sigdrifa:
„Astrunen kenne, wenn Du Arzt willst sein
Und Wunden wissen zu heilen.
In die Rinde ritze sie und in das Reis am Baum,
Wo ostwärts die Äste sich wenden."

Ein „Reis" ist ein Zweig. Dieser Begriff wird heute nur noch in „Reisig" (Zweig-Bündel) verwendet.

I 17. d)   Sigdrifa-Lied

Sigdrifa:
„Da hub Mimirs Haupt an weise das erste Wort
Und sagte wahre Stäbe:

Auf dem Schilde stünden sie vor dem scheinenden Gott,
Auf Arwakrs Ohr und Alswidrs Huf,
Auf dem Rad, das da rollt unter Rögnirs Wagen,
Auf Sleipnirs Zähnen, auf des Schlittens Bändern.

Auf des Bären Tatze, auf Bragis Zunge,
Auf den Klauen des Wolfs und den Krallen des Adlers,
Auf blutigen Schwingen, auf der Brücke Kopf,
Auf des Lösenden Hand und des Lindernden Spur.

Auf Gold und Glas, auf dem Glück der Menschen,
In Wein und Würze, auf der Wala Sitz,
Auf Gungnirs Spitze und Granis Brust,
Auf dem Nagel der Norn und der Nachteule Schnabel."

In der ersten Strophe wird der Sonnen-Streitwagen beschrieben: Der „scheinende Gott" ist Tyr; „Arwakr" und „Alswidr" sind die beiden Schimmel mit goldenen Mähne, Schweifen, Hufen und Zähnen vor dem Sonnenwagen; „Rögnir" ist ein Beiname des Tyr; das „Rad" bezieht sich auf die beiden Räder des Sonnenwagens; das achtbeinige Doppel-Roß „Sleipnir" ist aus der Zusammenfassung der beiden Rosse vor dem Sonnenwagen des Tyr entstanden; der „Schlitten" ist wörtlich übersetzt der „Dahingleitende", womit der am Himmel dahingleitende Sonnen-Streitwagen gemeint ist – auch Sleipnirs Name hat diese Bedeutung.

Mit der „lösenden Hand" ist die Hand der Hebamme und des Heilers gemeint.

I 17. e) Das Lied des Rigr

Der Göttervater Rig, dessen Name „König" eine Heiti für Tyr-Heimdall ist, lehrt die Königssöhne Runen mit magischer Wirkung.

Die Rune, mit deren Hilfe man „bergen", d.h. schützen sowie „Sorgen heilen" konnte, könnte die „Ur"-Rune sein.

Konur der Junge   /   kannte Runen,
Zeitrunen   /   und Zukunftsrunen;
Zumal vermocht er   /   Menschen zu bergen,
Schwerter zu stumpfen,   /   die See zu stillen.

Vögel verstand er, / wußte Feuer zu löschen,
Den Sinn zu beschwichtigen, / Sorgen zu heilen.
Auch hatte er zumal / acht Männer Stärke.

Er stritt mit Rigr, / dem Jarl, in Runen,
In allerlei Wissen / erwarb er den Sieg.
Da ward ihm gewährt, / da war ihm gegönnt,
Selbst Rigr zu heißen / und runenkundig.

Mit „Sorgen heilen" könnte das heilen sowohl psychischer als auch physischer Leiden gemeint sein.

„Konur" bedeutet „König". „Rigr" bedeutet „Herrscher". „Jarl" bedeutet in etwa „Graf" (englisch: „earl").

I 17. f) Kvennagaldur

Aus dem heutigen Island ist ein „Frauen-Zauberspruch" („kvenna-galdur") bekannt, in dem die verschiedenen Wesen mit Zahlen assoziiert werden:

Ich ritze für Dich für acht Asen,
neuen Nöte,
dreizehn Thursen.

Mit den Asen ist die „8" verbunden, weil dies die Zahl der Vollkommenheit ist;
mit den Naudir („Nöten"), also mit den Krankheitsgeistern, ist die „9" verbunden, weil dies die Zahl des Todes ist;
mit den Riesen ist die Zahl „13" verbunden, weil dies die Zahl der Störungen ist.

I 17. g) Die Saga über Egil Skallagrimsson

Runen wurden des öfteren zur Heilung eingesetzt – aber wie bei allen Heilungen müssen Diagnose und Therapie stimmen, sonst richtet der Heiler eher Unheil an …
Als Egil und die Seinen sich gesetzt hatten und aßen, da sah Egil, daß ein Mädchen krank auf dem Querbett lag. Egil fragte Thorfinn, wer das Weib sei, das dort so krank liege.
Thorfinn meinte, sie heiße Helga und sei seine Tochter, „sie hat schon lange krank

gelegen. Sie litt an Auszehrung. Keine Nacht schlief sie und war wie wahnsinnig."

„Habt ihr irgendwelche Heilmittel gegen die Krankheit angewandt?" frug Egil.

Thorfinn sprach: „Runen sind von einem Bauernsohn aus der Nachbarschaft geritzt worden. Es steht aber seitdem viel schlimmer als vorher. Kannst Du, Egil, etwas gegen diese Krankheit tun?"

Egil meinte: „Es ist möglich, daß es nicht schlechter wird, wenn ich danach schaue."

Als Egil gegessen hatte, ging er dorthin, wo das Mädchen lag, und sprach zu ihr. Er bat, sie von dem Platz zu heben und reines Zeug unter sie zu legen. Das geschah. Darauf durchsuchte er den Platz, auf dem sie gelegen hatte und fand dort ein Fischbein, auf dem Runen geritzt waren. Egil las sie. Darauf schabte er die Runen ab und warf sie ins Feuer. Er verbrannte das ganze Fischbein und ließ das Zeug, das das Mädchen gehabt hatte, in den Wind tragen.

Dann sprach Egil:
„Niemand ritze jemals Runen
Der sie nicht zu lesen weiß –
sonst wird er sehr vieler dunkler Sprüche
Bedeutung nicht erkennen.
Zehn der Zauberworte
wurden falsch auf den Walknochen geschrieben;
sie gaben der Kräuter-sammelnden Maid
lange Zeit Sorgen und Schmerzen."

Egil ritzte Runen und legte sie unter das Polster des Lagers, auf dem das Mädchen ruhte. Da schien ihr, als ob sie aus einem Schlafe erwache, und sie sagte, sie sei gesund, wenn auch noch schwach.

I 17. h) Die Saga über Egil Skallagrimsson

Falsch geschriebene Zauber-Runen scheinen des öfteren vorgekommen zu sein – zumindestens wird in der Saga über den Skalden Egil Skallagrimsson noch ein zweiter Fall berichtet:

Der Mann, der die Runen für Helga geritzt hatte, wohnte nicht weit entfernt. Es kam nun heraus, daß er sie gebeten hatte, seine Frau zu werden, aber das Thorfinn sie ihm nicht geben wollte.

Danach hatte sie dieser Sohn des Landbesitzers verführen wollen, aber sie hatte nicht eingewilligt. Da hatte er für sie Liebes-Runen geritzt, aber er wußte nicht genau, wie man sie schreiben muß, und davon war sie krank geworden.

Vermutlich hat der Sohn des Landbesitzers die Yr-Rune benutzen wollen, aber sie falsch geschrieben oder mit anderen, unpassenden Runen kombiniert.

I 17. i)   Die Rune „Not"

Der Name dieser Rune ist der Singular zu dem Plural „Naudir" – mit dem Wort „Naudir" hat man auch die Krankheitsgeister bezeichnet.
Die „Not"-Rune half gegen Armut, Gift und Streit.

I 17. j)   Das Runenlied aus dem Havamal: die Rune „Ur"

Odin:
„Ein anderes weiß ich, dessen alle bedürfen,
die die heilende Hand üben:
Es vertreibt alle Krankheit und Schmerzen,
heilt Wunden und Weh."

Die Bedeutung dieser Rune ist leicht zu erfassen: Heilung.
Die Verbindung des Wassers zur Heilung könnte in der Reinigung liegen, aber auch in der „Friedlichkeit" des Wassers im Vergleich zum Feuer. Vielleicht liegt dem sogar eine Assoziation zum Fruchtwasser, zur Wasserunterwelt und somit zu dem Schoß der Göttin zugrunde, die im Jenseits die Seelen der Toten und vor allem Morgen die Sonne wiedergebiert.
Es gibt zwar keine deutlichen Hinweise auf eine solche Assoziation zu der „Ur"-Rune, aber denkbar wäre sie trotzdem – zumal die selbstverständlichsten Dinge manchmal unausgesprochen bleiben.

I 17. k)   Zusammenfassung

Auch Runen wurden zur Heilung benutzt. Am wichtigsten sind dabei vermutlich die Rune „Ur" und die Rune „Not" gewesen.

I 18.   Krankheiten auf ein Tier übertragen u.ä.

I 18. a)   Jakob Grimm: Deutsche Mythologie

Eine recht spezielle Form der Heilung war die Übertragung der Krankheit auf ein Tier oder eine Pflanze. Dies kann man wie das Vertreiben des Krankheits-Geistes in eine neue „Behausung" auffassen.

1.   Krankheiten übertragen

Es können krankheiten ebenwol auf thiere übertragen werden:

> *›praecordia vocamus uno nomine exta in homine, quorum in dolore cujuscunque partis si catulus laetens admoveatur apprimaturque his partibus, transire in eum morbus dicitur, idque in exenterato perfusoque vino deprehendi, vitiato viscere illo quod doluerit hominis; et obrui tales religio est‹.*
> *(Plinius)*

> *›sunt occulti interaneorum morbi, de quibus mirum proditur. si catuli, priusquam videant, applicentur triduo stomacho maxime ac pectori et ex ore aegri suctum lactis accipiant, transire vim morbi, postremo exanimari dissectisque palam fieri aegri causas. mori et humari debere deos obrutos terra.‹*
> *(Plinius)*

> *›quod praeterea traditur in torminibus, mirum est, anate apposita ventri transire morbum anatemque emori‹. (Plinius)*

So hat man noch bis in den letzten jahrhunderten junge welfe angelegt und saugen lassen. Wenn der leichdorn (clavus, ἦλος), hünerauge, elsterauge, neuniederländisch. exterôg, krähenauge, böhmisch kuřj oko heißt, so dachte man sich dabei auch übertragungen als thunlich. Tobler meldet, wer da wo eine elster saß, ausrufe: ›zigi, zigi, ägest, i ha dreu auga ond du gad zwä!‹ vertreibe sein elsterauge.

Die fliegende gicht wird so geheilt, daß man den kranken ganz und gar in sauberen flachs wickelt: liegt er dann darin, wie ein jüngferchen in rosen, so wird ein schaffell über ihn gebreitet und ihm nun die arznei zum schwitzen eingegeben.

Dieses einwickeln ist ein in der alten thiersage berühmtes mittel. der fieberkranke löwe soll sich in die haut eines lebendig geschundnen vierthalbjährigen wolfs winden und schwitzen; das lehrt schon die äsopische fabel. ausführlicher handelt davon das altdeutsche gedicht: dem löwen war eine ameise ins hirn gekrochen und hatte sein siechthum verursacht; Reinhart verordnet ihm die haut eines alten wolfs umzuthun, ein bärenfell aufzulegen und einen katzenhut aufzusetzen: in die erwärmten katzenhaare kriecht die ameise aus des kranken haupt.

Solches einwinden in frischabgezogne thierhäute ist im mittelalter wirklich für mehrere zufälle angewendet worden, z. b. bei zufrühgebornen schwächlichen kindern, bei ungebornen ausgeschnittnen (Kaiserschnitt-Kindern), bei menschen, die einen gefährlichen sturz gethan.

In einem niederdeutschen lustspiel des 16. jahrhunderts betitelt ›de böse frouwens‹ soll man die kranke ›in eine vriske pagenhut beneijen‹. Schmidt über Ostmongolen bemerkt, daß auch diese völker zur heilung einer krankheit die füße in die ofne brust eines frischgeschlachteten pferdes stellen.

Auflegen des warmen thierfleisches wird verschiedentlich erwähnt: ›vivum gallinaceum pullum per medium dividere et protinus calidum super vulnus imponere, sicut pars interior corpori jungatur‹; ›eine schwarze henne aufschneiden und aufs geschorne haupt legen‹; frisches fleisch auf die wunde.

> *herre mit gotes helfe*
> *wil ich, daz reine welfe*
> *iuwer kint wol generen.*

Die gelbsucht kann auf die eidechse übertragen werden. kranke werden in die haut eines frischgetödteten hirsches gelegt. ein schwächliches kind wird in die haut eines frischgeschlachteten hammels gewickelt. das auflegen von warmem thierfleisch kommt in einem hexenproceß vor.

Auch der für den siechen löwen aus Randolts haut geschnittne hirzîn rieme stimmt zu einem alten heilmittel:

> *für daz vallende ubel. du sall warten, swenne iz en an ge, so nim einen hirzinen riemen unde bint im den umbe den hals di wile im we si, unde sprich: in nomine etc. so binde ich hie den sichthum dises menschen in disem knopfe, unde nim den selben riemen denne unde knupfe einen knoten dar an. den selben riemen sal man denne binden dem siechen umbe den hals, unde derselbe mensche sal sich denne enthalden von dem wine unde von dem fleische, biz daz er kume da man einen toten man begrabe, da sal man den riemen losen dem siechen von dem halse unde sal den selben riemen begraben mit dem toten manne, wan der selbe rieme sal dem toten geleget werden under di schulter, unde sol einer sprechen, der den riemen leget etc. der sichtum gewirret im nimmer mere.*

Anderwärts wird angerathen gegen die epilepsie sich mit einer wolfshaut zu gürten.

    der siechtuom ist des êrsten klein
    und kumt den herren in diu bein
    und ist geheizen der wolf.

2. Vergiftungen

  Vergiftungen wurden zuweilen gewaltsam geheilt: man hieng den kranken an den beinen auf, und riß ihm nach einer weile ein aug aus, im glauben, das gift werde durch diese öfnung fließen: ›tamen intoxicatus Albertus in Austria, et diu per pedes suspensus, oculum perdens evasit‹.

I 18. b) Zusammenfassung

  Manchmal wurden Krankheiten auf Tiere übertragen – insbesondere auf Hunde und Wölfe. Möglicherweise lag diese Wahl des Tieres daran, daß Hunde und Wölfe als Jenseitsreise-Begleiter und Jenseitstiere aufgefaßt worden sind – aus ihnen wurde später der „Höllenhund".

  Es gab auch brutale Heilungsmethoden wie das Ausreißen eines Auges, damit dort das Gift im Körper herausfließt. Derartige Vorgehensweisen werden aber wohl eher selten gewesen sein.

I 19.   Homöopathie

I 19. a)   Loddfafnir-Lied

Für dieses Thema sind vor allem die letzten vier Strophen des Loddfafnir-Liedes, also des zweiten Teiles des dreiteiligen Havamals, interessant. Diese Strophen stehen am Ende dieses Liedes und haben daher den „Ehrenplatz" in diesem Lied, was die Wichtigkeit dieser Strophen betont.

In ihr wird ein Heilungsansatz beschrieben, der am ehesten als „homöopathisch" bezeichnet werden kann.

1. Strophe der homöopathischen Heilungs-Anweisungen

Altnordisch	Karl Simrock	„Wort für Wort"-Übersetzung	wörtliche Übersetzung
Ráðumk þér, Loddfáfnir,	Dies rat ich, Loddfáfnir,	Rate Dir, Loddfafnir	Ich rate Dir, Loddfafnir
en þú ráð nemir.	vernimm die Lehre,	daß Du nimmst den Rat an.	meinen Rat zu beherzigen.
Njóta mundu ef þú nemur,	Wohl dir,	Nutze Zeit, wenn Du nimmst,	Es wird Dir nutzen, wenn Du ihn annimmst;
þér munu góð ef þú getur:	wenn du sie merkst:	Dir wird sein gut wenn Du ergreifst	Es wird Dir gut gehen, wenn Du ihn ergreifst.

2. Strophe der homöopathischen Heilungs-Anweisungen

Altnordisch	Karl Simrock	„Wort für Wort"-Übersetzung	wörtliche Übersetzung
Hvar er þú öl drekkir,	Wo Ael getrunken wird,	wo es Dir Ale trinken	Wo Ale getrunken wird,
kjós þú þér	ruf die	wünsche Du Dir	da wünsche Dir
jarðar megin,	Erdkraft an:	Erde-Kraft	Erd-Kraft,
því að jörð tekur við öldri,	Erde trinkt und wird nicht trunken.	deshalb dieses Erde hilft gegen krank (von) Ale	denn diese Erde hilft gegen die Ale-Krankheit.

Die „Ale-Krankheit" ist entweder die Trunkenheit selber oder der anschließende „Kater".

3. Strophe der homöopathischen Heilungs-Anweisungen

Altnordisch	Karl Simrock	„Wort für Wort"-Übersetzung	wörtliche Übersetzung
en eldur við sóttum,	Feuer heilt Krankheit,	und: Feuer gegen Fieber-Krankheiten,	Und es hilft: das Feuer gegen Fieber-Krankheiten,
eik við abbindi,	Eiche Verhärtung,	Eiche gegen Verstopfung,	die Eiche gegen Verstopfung,
ax við fjölkynngi,	Ähre Vergiftung,	Ähre gegen bösen Zauber,	das Mutterkorn gegen bösen Zauber,
höll við hýrógi,	Der Hausgeist häuslichen Hader.	(Fürsten-)Halle gegen Haus-Streit,	die Fürsten-Halle gegen Streit im Heim;

Das Substantiv „sóttum" bedeutet allgemein „Krankheit" und leitet sich von „sot" für „Schwarzes, Ruß") ab. Das Wort ist verwandt mit „sieden" für „kochen", mit „Gesottenes" für „Gekochtes" und mit „Sud" für „Gekochtes, Brühe". „Sóttum" ist vermutlich das Schwarze außen am Topf (über offenem Feuer). „Sóttum" als Krankheit ist daher eine „kochende Krankheit", d.h. eine fiebrige Krankheit.

Die Ähre als „Gleiches heilt Gleiches"-Heilmittel gegen „schwarze Magie" bedeutet, daß die Ähre eine ähnliche Wirkung haben muß wie die „schwarze Magie". Dies ließe sich am ehesten damit erklären, daß in diesem Vers nicht die Ähre selber, sondern das Mutterkorn auf einer Ähre gemeint ist, das das stark halluzinogene LSD enthält.

Das Substantiv „fjölkynngi", das hier mit „böser Zauber" übersetzt worden ist, setzt sich aus dem Präfix „fjöl-" für „viel, vielfältig" und „kynngi" für „Kenntnisse in der Magie" zusammen. Das Wort „kyn", von dem sich „kynngi" herleitet, bedeutet „Verwandtschaft, kennen, vertraut sein mit, Kenntnis" (englisch: „kin" für „Verwandtschaft, Sippe") sowie „Wunder, Erstaunliches, Omen, Geschicktheit". Da dieses Wort von germanisch „kinda" für „Kind" abstammt, ist die Bedeutung „Verwandtschaft" die ältere.

„Kynngi" hat seine Zweit-Bedeutung „Magie" möglicherweise über die Bedeutung „vertraut sein mit", d.h. „Kenntnis" erhalten – und der einzige „Fachmann" in der damaligen germanischen Kultur war der Diar, der wie die Druiden der Kelten zugleich Priester, Heiler, Schamane, Richter, Skalde (Dichter) usw. gewesen ist. Das, womit die Diar und auch die Druide vertraut gewesen sind, ist die Welt der Ahnen und der Götter, die auch die Welt der Magie ist.

„Fjölkynngi" ist somit eine vielfältige und gründliche Kenntnis der Magie. Die Bedeutung dieses Wort hat sich im Laufe der Zeit dann zu „böser Zauber" verengt.

„Hý" ist das Heim und „rogi" ist der Streit. Der letzte Vers der dritten Strophe könnte sich daher auf die richterliche Gewalt des Fürsten bzw. Hausherrn beziehen, dessen Urteil den Streit beendet.

4. Strophe der homöopathischen Heilungs-Anweisungen

Altnordisch	Karl Simrock	„Wort für Wort"-Übersetzung	wörtliche Übersetzung
– heiftum skal mána kveðja, –	Mond mindert Tobsucht,	Rache soll Mond anrufen	bei Rache soll man den Mond anrufen;
beiti við bitsóttum,	Hundsbiß heilt Hundshaar,	Beißen gegen Biß-Krankheit	Beißen (hilft) gegen beißende Parasiten,
en við bölvi rúnar.	Rune Beredung;	und gegen Verfluchungen Runen	und gegen Verfluchungen Runen
Fold skal við flóði taka.	Die Erde nehme Naß auf.	Erde soll gegen Fließendes aufnehmen	die Erde soll das Flüssige aufnehmen und dadurch gegen das Flüssige schützen.

Das Verb „kveðja" im ersten Vers bedeutet „rufen, herbeirufen, rituell singen" und bezieht sich auch auf Anrufungen und auf Lieder. „Kveðandi" ist die Rezitation, das Chanten und Singen sowie auch der Rhythmus der Verse, also das Versmaß. „Kveð-skapr" ist wörtlich das „Verse formen". Ein „kveðja" ist somit eine magische Anrufung. Eine „mána kveðja" ist eine Mond-Anrufung. Offenbar hat man den Mond um Hilfe gebeten, wenn man etwas rächen wollte. Aufgrund des hier vertretenen „Gleiches heilt Gleiches"-Prinzips setzte man möglicherweise das Schwinden des abnehmenden Mondes dem „Schwinden", d.h. in der Regel dem Getötetwerden des Feindes gleich.

Das „bit-sóttum" ist wörtlich die „Beiß-Krankheit". Die „Beißenden" sind die Parasiten (Flöhe, Läuse, Zecken u.ä.).

Sowohl Verfluchungen als auch Runenzauber werden mit (Runen-)Zeichen und Worten durchgeführt (dritter Vers).

Das „við" im vierten Vers ist zuviel. Der Satz ist wohl wie der im ersten Vers dieser Strophe („heiftum skal mána kveðja") aufzufassen. Dieser letzte Vers bezieht sich wie die zweite Strophe, also wie die erste Anleitung auf die Trunkenheit.

Für den Dichter dieser Heil-Anweisungen ist die Trunkenheit und der ihr folgende „Kater" offenbar das größte Problem gewesen, da er sie als erstes und dann noch einmal als letztes behandelt und ihr zudem als einziger Krankheit eine gesamte Strophe widmet.

Schon Tacitus hat um 100 n.Chr. über die Süd-Germanen das Folgende berichtet: *„Als Getränk dient eine Flüssigkeit aus Gerste oder Weizen, die in eine gewisse Ähnlichkeit mit Wein umgefälscht wurde; die Nächsten im Uferland erhandeln sich auch Wein. ... Gegen den Durst haben sie jedoch nicht dieselbe Mäßigung. Wenn man wie sie der Trunkenheit nachgibt und sich ihr hingibt, so oft man sie gierig wünscht, wird man dem Laster nicht weniger leicht unterliegen als unsern Waffen. ... Den Tag und die Nacht mit Saufen zu verbringen, bringt* (bei ihnen) *keinem Schande."*

I 19. b) „liknar-galdr"

Der altnordische magisch-medizinische Fachbegriff „liknar-galdr" bedeutet wörtlich übersetzt „Gleicheits-Zauberlied", womit ein Heilungs-Zauberspruch oder Heilungs-Zauberlied gemeint ist.

Das altnordische Verb „liknar" für „helfen, vergeben" stammt über das germanische „likinon" für „vergleichen" von dem von indogermanischen „leig" für „ähnlich, gleich, Gestalt" ab. Von dem altnordischen „liknar" leitet sich das englische verb „to like" für „mögen", die englische Präposition „like" für „so wie", die englische Endung „-like" für „-gleich" oder „-ähnlich" sowie die deutsche Endung „-lich" ab, die dieselbe Bedeutung wie die englische Endung „-like" hat. Im Schwedischen hat „likna" die Bedeutung „vergleichen" bewahrt.

Die Bedeutung „heilen" hat sich hier interessanterweise aus der Bedeutung „ähnlich wie" heraus entwickelt. Das bedeutet, das das „ähnlich wie" eine wesentliche Grundlage für das „Heilen" gewesen sein muß.

Der Begriff „liknargaldr" scheint nur ein einziges Mal verwendet worden zu sein – und zwar im Loddfafnir-Lied, dem zweiten Teil des dreiteiligen Weisheits-Sammlung „Havamal", aus dem auch die vier „Homöopathie-Strophen" stammen. Dort wird der Begriff „liknargaldr" in der 121 Strophe benutzt:

Ich rate Dir, Loddfafnir
– und Du solltest meinen Rat annehmen,
denn es wird Dir nützen,
wenn Du ihn in Dein Herz legst –
ziehe gute Männer

in enger Freundschaft zu Dir
und Du wirst ein Heilungs-Zauberlied haben,
solange Du lebst.

Die „Heilung" ist hier offensichtlich primär auf die Psyche bezogen, aber die Bedeutung „heilen" ist deutlich zu sehen und auch an vielen anderen Stellen für „liknar" belegt.

Am Ende des Loddfafnir-Liedes stehen die vier bereits besprochenen „Homöopathie-Strophen", in der das „Gleiches wirkt auf Gleiches"-Prinzip der Analogie-Magie (z.B.: Wasser ausgießen führt zu Regen) für die Heilung benutzt wird. Aus dem allgemeinen Analogie-Prinzip „Gleiches wirkt auf Gleiches" wird in der Heilung das Prinzip „Gleiches heilt Gleiches".

Dieser Heilungs-Ansatz muß schon alt sein, da man davon ausgehen kann, daß es eine Weile gedauert haben wird, bis sich aus der Bedeutung „gleichen" die Bedeutung „heilen" gebildet hat. Aus dieser Entwicklung ergibt sich weiterhin, daß der „Vergleich" ein wesentliches Element der Heilung bei den Germanen gewesen sein muß, da sich sonst die Bedeutungserweiterung von „gleichen" auf „heilen" nicht hätte bilden können.

Der zweite Teil des Fachbegriffs „likanrgaldr", also „galdr" bezeichnet einen Zauberspruch oder ein Zauberlied, das im Kult, im Ritual oder in einer individuelleren Form der Magie verwendet wird. Dieses Substantiv leitet sich über das germanische „galdraz" für „Zauberlied, Gesang" von dem indogermanischen Verb „ghel" für „rufen, schreien" ab, dessen Bedeutung in dem deutschen Verb „gellen" weitgehend bewahrt worden ist.

„Galdr" hat im Altnordischen jedoch nicht nur die Bedeutung des Kultgesangs oder Zaubergesangs, sondern wurde zumindestens in der späteren Zeit auch für andere Arten von magischen Handlungen verwendet.

Wenn man die Bedeutungen von „liknar" und „galdr" sowie die Verwendung von „liknargaldr" im Loddfafnir-Lied sowie die „Homöopathie-Strophen" zusammennimmt, ergibt sich das Bild, daß die Germanen zumindestens bei einem wesentlichen Teil ihrer Heilungsverfahren die folgenden vier Punkte berücksichtigt haben:

1. Gleiches heilt Gleiches, d.h. das, was den Schaden bzw. die Krankheit verursacht hat, kann sie auch wieder heilen;

2. bei der Heilung wird ein Heilmittel verwendet, das nach homöopathischen Gesichtspunkten ausgewählt wird;

3. bei der Heilung wird die Psyche miteinbezogen;

4. bei der Heilung wird ein Kultlied/Zauberlied gesungen, d.h. auch die Götter oder Ahnen werden miteinbezogen (Beispiele solcher z.T. recht beeindruckender Lieder finden sich in Kapitel „I 16." in diesem Buch).

Man kann den Heilungsansatz der Germanen somit als homöopthisch-ganzheitlich bezeichnen.

I 19. c)   altnordische Homöopathen und Homöopathinnen

Es gibt einige Personennamen, die recht interessant sind, da sie das altnordische Wort für „Homöopath(in)" sind – auch wenn es damals natürlich noch nicht genau das heutige Homöopathie-Konzept gegeben hat.

Männer:

Liknhvatr, Liknatus	= Heilungs-Tatkräftiger
Liknbjörn, Liknbjorn	= Heilungs-Bär
Liknmundr	= Heilende Hand
Liknräifr, Liknreifr	= Heilungs-Freund
Liknvidr	= Heilungs-Baum

Frauen:

Liknvi	= die der Heilung Geweihte, Heilungs-Priesterin

I 19. d)   Heilungszauber aus dem angelsächsischen „Kräuterbuch"

Es gibt auch einige Saga-Szenen, Heilanweisungen, Sprichworte u.ä., in denen das Prinzip „Gleiches heilt Gleiches" angewendet wird. Manchmal muß man sich jedoch die Textstellen wie in dem folgenden Beispiel meistens etwas genauer anschauen, um das Homöopathie-Prinzip zu erkennen.

Wenn die Haare ausfallen, koche Tüpfelfarn und mache damit einen Umschlag für den Kopf, solange es noch warm ist.

Vermutlich sind die vielen Samen dieses Farns an der Unterseite seiner Blätter mit den erwünschten vielen Haaren auf dem Kopf assoziiert worden.

I 19. e)   Die Saga über Grettir den Starken

„Es ist ein altes Sprichwort, daß das Übel durch ein größeres Übel geheilt wird."

Dies ist vermutlich die deutlichste Ausformulierung des „Gleiches heilt Gleiches"-Prinzips in der germanischen Überlieferung.

Es könnte bei diesem Zitat natürlich auch der Umstand gemeint sein, daß ein Mißstand nicht ohne neues Leid wie z.B ein Kampf, eine Operation, ein Fieber o.ä. aufgelöst werden kann – was jedoch genau dem Phänomen der Erstverschlimmerung in der Homöopathie entspricht …

I 19. f)   Heilungszauber aus dem Buch „Lacnunga"

Gegen die Nebligkeit der Augen blicken viele Männer, damit ihre Augen nicht von der Krankheit beeinträchtigt werden, in kaltes Wasser und können dann wieder weit sehen ...

Das klare Wasser soll anscheinend die Augen wieder klar machen.

Wenn die Augen eines alten Mannes keinen scharfen Blick mehr haben, dann soll er seine Augen mit Reiben aufwecken, mit Wanderungen, mit Ausritten – oder ein Mann soll ihn tragen oder in einem Wagen ziehen.
Dann sollen sie nur ein wenig gutes Fleisch essen und ihren Kopf kämmen und Wermut trinken, bevor sie Speisen zu sich nehmen. Dann sollen sie eine Salbe für Unscharfsichtigkeit herstellen; nimm Pfeffer und schlage es und nimm etwas Salz und Wein – das wird eine gute Salbe sein.

Diese Anweisungen klingen fast nach einer „Kur".

I 19. g)   Jakob Grimm: Deutsche Mythologie

1.   Analogie-Heilung

Bei der Analogie-Heilung wird eine Ähnlichkeit benutzt: Wasser ausgießen ruft Regen herbei.

Während die heutige heilkunde fast auf vegetabilische und mineralische mittel ein-
geschränkt ist, brauchte die ältere manigfachen thierischen stof. herzen gewisser
vögel, fleisch, blut und fett gewisser thiere hatten sehr eigenthümliche heilkraft. dem
kranken löwen hilft genuß des affenfleisches, doch der unwissende wolf räth ihm das
des bocks und widders an. blut der vögel und des fuchses heilt wunden. krähenblut
zaubert. blut aus dem hahnkamm, gehirn einer häsin hilft.

Hieran reiht sich die abergläubische heilung des aussatzes durch das blut unschul-
diger kinder und reiner jungfrauen; die der fallenden sucht durch das blut hinge-
richteter. speichel, ja reiner athem sind heilkräftig.

Eine menge sympathetischer mittel heilen oder schaden. So wird gelbsucht unheil-
bar, wenn eine gelbfüßige henne über den siechen fliegt, geheilt aber durch schauen
in schwarzes wagenschmer. Überspannen der kanne, des bechers bringt herzgespann
hervor; weidedrehen krummen hals oder leibschneiden.

Das fieber wird gewendet oder angebaut, indem man leinsamen unter hersagen
eines segens auf dem acker anbaut: wie der same aufgeht muß das fieber weichen.

Auf rose oder rothlauf soll man funken schlagen, das böse vom leib, wie mülrad-
wasser abspringen lassen, über dem kopf schwer redender kinder ein brot brechen,
den ausgerissenen zahn in eines jungen baumes rinde schlagen. wider schlucken,
ohrenzwang, zahnweh bestehn unter dem volk viel solcher mittel.

2. Sympathie-Heilung

Bei der Sympathie-Heilung wird ein Kontakt benutzt: Das Berühren einer Heiligen-
Statue heilt den Kranken.

Den gräbern der heiligen wurde im Mittelalter unmittelbares heilvermögen beige-
messen und alles was mit ihnen in berührung stand gewährte hilfe, sogar der trunk
des über knochen, kleider, holzsplitter und erde gegoßnen wassers. rasen und thau
auf dem grab heilen.
Beda erzählt von dem heiligen Oswald:

> *in loco, ubi pro patria dimicans a paganis interfectus est, usque hodie sani-*
> *tates infirmorum et hominum et pecorum celebrari non desinunt. unde conti-*
> *git ut pulverem ipsum, ubi corpus ejus in terram corruit, multi auferentes et*
> *in aquam mittentes suis per haec infirmis multum commodi afferrent, qui*
> *videlicet mos adeo increbuit, ut paulatim ablata exinde terra fossam ad men-*
> *suram staturae virilis reddiderit.; de pulvere pavimenti, in quo aqua lavacri*
> *illius effusa est, multi jam sanati infirmi.; habeo quidem de ligno, in quo*

caput ejus occisi a paganis infixum est. ... tunc benedixi aquam, et astulam roboris praefati immittens obtuli aegro potandam. nec mora, melius habere coepit.

Von dem heiligen Ceadda († 672):

est autem locus idem sepulcri tumba in modum domunculi facta coopertus, habente foramen in pariete, per quod solent hi, qui causa devotionis illo adveniunt, manum suam immittere, ac partem pulveris inde assumere, quam cum in aquas miserint atque has infirmantibus jumentis sive hominibus gustandas dederint, mox infirmitatis ablata molestia cupitae sanitatis gaudia redibunt.

Von Earconvald:

etenim usque hodie feretrum ejus caballarium, quo infirmus vehi solebat, servatum a discipulis ejus, multos febricitantes vel alio quolibet incommodo fessos, sanare non destitit. non solum autem suppositi eidem feretro vel appositi curantur aegroti, sed et astulae de illo abscissae atque ad infirmos allatae citam illis solent afferre medelam.

Reliquien heilen nicht allein, sondern bringen glück, ruhe und fruchtbarkeit, ungefähr wie kleinode der elbe und zwerge in einzelnen geschlechtern; ubicunque hae reliquiae fuerint, illic pax et augmentum et lenitas aeris semper erit.

Die legenden sind voll wunderbarer rettungen, welche wallfartenden siechen am grabe des heiligen zu theil wurden. eine unglaubliche menge von kranken nahm zu diesem mittel ihre zuflucht; treflich aber wird es in der thierfabel: der fieberkranke hase, der ohrenzwängige wolf genesen, sobald sie sich auf das grab der gemarterten henne gelegt haben.

Von solchem wahn waren die Heiden frei; ich finde nie gemeldet, daß sie von reliquien und bei den hügeln ihrer könige und riesen heilung suchten. aber heilige wälder heilten.

Das stimmt nicht ganz, da die Germanen zwar nicht von den Hügeln selber Heilung erwarteten, aber beim Utiseta, also bei der Anrufung der Ahnen („Totenbeschwörungen") deren Hügelgräber als Tor zum Jenseits benutzt haben.

I 19. h)   Zusammenfassung

Ein wesentliches Prinzip in der Heilung bei den Germanen war „Gleiches heilt Gleiches", was ein Spezialfall des Sympathiemagie-Grundsatzes „Gleiches wirkt auf Gleiches" ist.

Die Heilung wurde daher auch „liknar-galdr" genannt, was man als „Analogie-Kultgesang" übersetzen könnte: Durch den magisch wirksamen Zaubergesang wird ein Wesen o.ä. herbeigerufen, das der Krankheit entspricht und sie heilen kann.

Wie u.a. die vier Strophen des Havamal zeigen, geht das homöopathische Prinzip „Gleiches heilt Gleiches" über Hahnemann und Paracelsus noch weiter zurück in die Vergangenheit zu den Germanen und evtl. auch zu anderen Völkern.

I 20.   Heilmittel umbinden u.ä.

I 20. a)   Jakob Grimm: Deutsche Mythologie

Innerhalb eines magischen Weltbildes muß man Heilmittel nicht unbedingt einneh-men oder sich mit ihnen einreiben, denn die Analogie-Wirkung (homöopathische Wirkung) entsteht genauso, wenn sich der Kranke auf eine andere Weise mit dem Heilmittel verbindet.

Auch dies entspricht den Erfahrungen mit der Homöopathie, deren Heilmittel zu wirken beginnen, sobald sich der Kranke innerlich mit ihnen verbindet.

Sehr oft werden heilkräftige mittel angebunden, umgeknüpft um den arm, hals, leib getragen. dies nennen die lateinischen quellen des frühen Mittelalters ligamenta, ligaturae, phylacteria. ηυλακτήρια sind solche sichernde schützende angehänge, amulete, häufig von blech, daher sie in althochdeutsch glossen pleh, plehhir heißen, aber auch von glas, holz, knochen, kräutern, silber und gold; ligaturae scheinen bloße fadenknüpfungen. der neuere name ist angehenke. auch geheime schriften und runen wurden angehängt, der zweck war aber nicht immer heilung, sondern umgekehrt auch zauberei und verletzung.

Hier sind zeugnisse für beide arten: ›ut clerici vel laici phylacteria vel falsas scriptiones aut ligaturas, quae imprudentes pro febribus aut aliis pestibus adjuvare putant, nullo modo ab illis vel a quoquam Christiano fiant, quia magicae artis insignia sunt.‹; ›admoneant sacerdotes non ligaturas ossium vel herbarum cuiquam adhibitas prodesse, sed haec esse laqueos et insidias antiqui hostis‹.

Gregor berichtet von einem kranken knaben, zu welchem man den klugen mann (ariolus) berufen ließ:

> *›ille vero venire non differens accessit ad aegrotum et artem suam exercere conatur; incantationes immurmurat, sortes jactat, ligaturas collo suspendit‹.*

lex visigothotorum:

> *›qui in hominibus vel brutis animalibus, seu in agris seu in vineis diversis-que arboribus maleficium aut diversa ligamenta aut etiam scripta in contra-rietatem alterius excogitaverit facere‹.*

lex salica:

> *›si quis alteri aliquod maleficium superjactaverit, sive cum ligaturis in aliquod loco miserit‹.*

Im indiculus werden solche bald heilsame bald schädliche ligaturae und nefaria ligamenta angeführt; Kopps hat andere stellen über amulete und ligaturen verzeichnet.

Hincmar sagt:

› *turpe est fabulas nobis notas referre, et longum est sacrilegia computare, quae ex hujusmodi de ossibus mortuorum atque cineribus carbonibusque extinctis ... cum filulis colorum multiplicium, et herbis variis ac cocleolis et serpentum particulis composita, cum carminibus incantata deprehendentes comperimus‹.*

Diese bunten faden gemahnen an den virgilischen vers:

› *terna tibi haec primum triplici diversa colore licia circumdo‹ und an das* › *necte tribus nodis, ternos Amarylli colores‹.*

Sollen dergleichen angehenke unsern vorfahren von den Römern zugebracht sein, so geschah es schon in früher zeit, die epistola Bonifacii sagt:

› *dicunt quoque se vidisse ibidem mulieres pagano ritu phylacteria et ligaturas in brachiis et cruribus ligatas habere et publice ad vendendum venales ad comparandurn aliis offerre‹.*

Beda:

› *nam et multi ... ad erratica idolatriae medicamina concurrebant, quasi missam a deo conditore plagam per incantationes vel phylacteria ... cohibere valerent‹. ein phylacterium mit reliquien vom hals bis zur brust wird erwähnt.*

Bonaventurae centiloquium:

› *maleficium est peritia, per quam mulieres faciunt aliquas ligaturas in damnum vel in commodum alicujus, ut de crista galli et de rana et de imagine cum eis‹.*

Schon Plinius nennt anbindsel von käfern. des fülizant gedachte ich schon, auch diesen brauch weist Plinius auf: › dentes qui equis primum cadunt facilem dentitionem praestant infantibus adalligati‹. der neben dem fülizant genannte gevater soll ihn wol dem pathen eigenhändig umthun? vom anbinden der heilkräuter redet das folgende capitel umständlicher:

115

ob ieman wolle tumben spot
und einen boesen wolves zan
mit ergerunge henken dran.
ir truogt den eiterwolves zahn.

Daz ich minne, ist mir niht angebunden, ez ist mir angeborn.; parentes vero ejus intelligentes eum diaboli immissione turbari, ut mos rusticorum habet, a sortilegis et ariolis ligamenta ei et potiones deferebant.; accedentibus ariolis ac dicentibus, eam meridiani daemonii incursum pati, ligamina herbarum atque incantationum verba proferebant.; illa de sinu licium protulit varii coloris filis intortum, cervicemque vinxit.

Finnisch tyrä, eigentlich testiculus, dann globulus magicus nocivus, instar testiculorum, hominibus et pecudibus immitti solitus. Frommann führt zu Herbort an:

imago argentea, per incantationum modos multique artificii virtute constructa, quae adversus incantationes jam factas est valde potissima.

Der verzauberung neuvermählter ist schon erwähnung geschehen. die hexe kann durch bloße hermurmelung eines spruchs während der trauung, wenn sie dabei zugegen ist, den mann zum zeugen, die frau zum empfangen untüchtig machen. Hincmar erzählt einen fall, und gibt die zusammensetzung des mittels an, das neben der beschwörung angewendet wurde; auf Hincmar gründet sich eine stelle in Gratians decret.

Diese zauberei heißt senkelknüpfen, nestelknüpfen, schloßschließen, binden, weil dabei heimlich ein knoten geknüpft, ein schloß zugeschlagen wird. nestel bedeutet einen bendel (ligula), senkel, wenn er oben an der spitze mit blech, zum leichtern einsenken, gefaßt ist. man sagte auch bruchverknüpfen, niederkleid, nackmäntel knüpfen, französisch nouer l'aiguilette. es soll fünfzigerlei arten solcher verknüpfungen und eine menge unverständlicher knüpfsprüche geben. das zugemachte schloß, der geknüpfte knoten wurde weggeworfen, nicht an die bezauberten gehängt.

Vieles wird bei schwangeren und gebährenden beobachtet. ehstnisch: Legt die frau des mannes pantoffel an, bindet am hochzeitstag der bräutigam der braut die strumpfbänder, so wird sie leicht gebähren. Bezieht sich hierauf auch die sitte, deren alter ich gleich beweisen will, daß die braut in der brautnacht heimlich ihr hemd mit dem des mannes wechsele? Vintler sagt: das sind dan etlich briute, die legent ihr hemd an irs mannes ort. Deutlicher in Turlin: diu künigîn wart gebriset in ein hemede:

›alser dir sî gelegen bî,
und er dar nâch entslâfen sî,
sô lege tougen sîn hemede an;
und ob dîn sin gesuochen kan.
daz ez werde heimlich getân,
sich, daz dich iht verdrieze,
dîn hemde sîn houpt beslieze;
daz sol an dînem vlize stên:
dar nâch soldu über in gên
an sîme hemde, daz wirt dir vromen‹.

I 20. b) Zusammenfassung

Die magischen Heilmittel entfalten ihre Wirkung oft dadurch, daß der Kranke sie sich wie ein Amulett an den Leib, meist an die kranke Stelle, bindet.

I 21. Heilende Skulpturen

I 21. a) Jakob Grimm: Deutsche Mythologie

Es gibt zwei Arten der Verwendung von Skulpturen in der magischen Heilkunst: die Übertragung der Krankheit in eine Skulptur des kranken Körperteils und die Dankes-Skulptur, die den geheilten Körperteil darstellt – sozusagen den „Sündenbock" und den „Talisman".

In Griechenland, namentlich Böotien, war es gebräuchlich, daß genesene die metallene abbildung des erkranktgewesenen gliedes im tempel aufstellten. als αναθήματα *eine inschrift* πρόσωπον, τιτθός, αιδοῖον, χείρ *u.s.w., aus solchen weihgeschenken wurden hernach heilige gefäße gemacht.*

Die sitte der votivtafeln mit nachgebildeten gliedern können nun schon die heidnischen Römer nach Deutschland übergeführt haben, wenn man nicht zugeben will, daß unsere vorfahren früher selbst damit bekannt waren.

In der aus Gregor mitgetheilten stelle heißt es ausdrücklich: membra, secundum quod unumquemque dolor attigisset, sculpebat in ligno; und dann weiter ›visi enim in eo barbari gentili superstitione modo auri argentique dona, modo fercula ad potum vomitumque ebrii offerre, cultumque, quo nihil insanius, istic simulacrum inanis dei, ac ut quemque affecti membri dolor presserat, sculpebat in ligno suspendebatque opitulaturo idolo‹. Das geschah in Ripuarien, im 6. jahrhundert.

Darauf bezieht sich auch bei Eligius: ›pedum similitudines, quos per bivia ponunt, fieri vetate, et ubi invenerit igni cremate, per nullam aliam artem salvari vos credatis nisi per invocalionem et crucem Christi! und im indiculus ›de ligneis pedibus vel manibus pagano ritu‹, einer gelähmten wird im traum bedeutet, ›ut instar semivivae manum ceream formando exprimeret et ad sanctae Idae tumulum deferret‹ (im anfang des 10. jahrhunderts).

Zugleich aber lehren diese zeugnisse eine bedeutende verschiedenheit. der Grieche brachte das ανάθημα, *wenn das übel geheilt war, aus dankbarkeit; der Deutsche stellte das glied im tempel oder an der wegscheide auf, um dadurch erst genesung zu bewirken: opitulaturo idolo; und per nullam aliam artem salvari vos credatis. darum reichte auch ein hölzernes oder vielleicht wächsernes abbild hin, das ein unstattliches geschenk für den hilfreichen gott gewesen wäre. man vergleiche die aus einer andern stelle Gregors angezognen worte und Ruinarts anmerkung dazu.*

Diese deutsche paganie (heidnischer Glaube) berührt sich also mit dem zauber durch wachsbilder und mit heidnischen opfern, die zwischen dem was erfleht werden soll und dem geopferten gegenstand analogie beachten. kinderlose eltern brachten ein kind aus wachs, holz oder silber dar, während umgekehrt wächserne oder silberne bilder auch zur buße für den getödteten leib dienten.

Was aber den bekehrern greuelhaft heidnisch vorkam, duldete und gestattete später die kirche.

Eine Altöttinger votivtafel stellt einen verunglückten dar, dem ein pfeil durch die augbraue in den augapfel gegangen war.

An berühmten wallfartsorten findet man hände, füße u.s.w. aus holz oder wachs angeheftet und vor den kirchen wurden die krücken aufgehängt, mit welchen der sieche gekommen war, deren er geheilt beim weggang nicht mehr bedurfte: ut incredibilis materies scabellorum atque oscillorum post perceptam sanitatem a redeuntibus ibi remaneret.

Bei den Griechen schliefen kranke oft in dem tempel der gottheit, auf die sie ihr vertrauen setzten, und empfingen im traum anzeige des heilmittels; ähnliches kommt in legenden des Mittelalters vor, z.b. in der angeführten stelle aus der vita sankt Idae. man halte dazu den traum im neuen haus oder stall.

> *stabat in his ingens annoso robore quercus;*
> *una nemus. vittae mediam memoresque tabellae*
> *sertaque cingebant, voti argumenta potentis.*
> *(Ovid: metamorphosen)*

Auch die vom zahnschmerz genesene hängt dankbar wächsernes zahnfleisch am grab auf. der aus den fesseln durch den heiligen befreite hängt die fessel auf. ein anderes beispiel bei Caesar von heisterbach. die befreiten gefangnen hängen im hain der göttin ihre fesseln an die bäume. an des heiligen grab. meine mutter that ein gelübde, sie wolle in der capelle eine votivtafel aufhängen, wenn ich wieder hörend würde. klawen, daran das kranke vieh gebunden war, und krücken ließ man nach der heilung in der capelle. auch an den heilquellen liegen. auch die inschrift fehlt zuweilen nicht: ›hat geholfen‹. ein haus von wachs wird gelobt, damit das wohnhaus nicht abbrenne.

I 21. b) Zusammenfassung

Es gibt zwei Arten der Verwendung von Skulpturen in der magischen Heilkunst: die Übertragung der Krankheit in eine Skulptur des kranken Körperteils und die Dankes-Skulptur, die den geheilten Körperteil darstellt.

I 22.   Heilende Hände

I 22. a)   Sigdrifa-Lied

In diesem Lied findet sich ein völlig anderes Heilungs-Motiv: die heilenden Hände. Damit wird wohl das Handauflegen und das Übertragen von Lebenskraft gemeint sein, das heute vermutlich unter dem Namen „Reiki" am bekanntesten ist.

Sigurd setzte sich nieder und fragte nach ihrem Namen. Da nahm sie ein Horn voll Met und gab ihm Minnetrank.

„Heil Dir Tag, Heil euch Tagessöhnen,
Heil Dir Nacht und nährende Erde:
Mit unzornigen Augen schaut auf uns
Und gebt uns Sitzenden Sieg.

Heil euch Asen, Heil euch Asinnen,
Heil Dir, fruchtbares Feld!
Wort und Weisheit gewährt uns edeln zwein
Und immer heilende Hände!"

Diese acht Verse sind offensichtlich aus dem Kult der Germanen entnommen.

Die „heilenden Hände" heißen auf altnordisch „läknis-hendr". Das Verb „läkna" bedeutet „heilen" und stammt über das germanische „lekinon" für „heilen, besprechen, sammeln" von dem indogermanischen Verb „leg" für „sammeln, zusammenlesen" ab. Dieses indogermanische Verb würde am ehesten zu einem Kräutersammler passen. Die germanische Bedeutungs-Aspekt des „Besprechens" zeigt, daß die physische Heilung mit Kräutern, Verbänden u.ä. mit einer spirituell-magischen Heilung mit Götter-Anrufungen und Zaubersprüchen kombiniert worden ist. In diese Szenerie paßt auch das Handauflegen zwanglos hinzu.

Das altnordische Verb „läkna" ist auch die Wurzel für das Substantiv „läknagaldr", mit dem man das Prinzip „Gleiches heilt Gleiches", also die Homöopathie bezeichnet hat.

Falls dieser Begriff der „heilenden Hände" schon alt sein sollte (wovon man bei einem Kulttext ausgehen kann), würde hier ein drittes Element der homöopathischen Heilung beschrieben:

1. „Gleiches heilt Gleiches",
2. die Erstverschlimmerung (ein Übel muß durch ein größeres Übel vertrieben werden), und
3. die „magische" Verbindung zwischen Heiler und Krankem, die aus der Lebenskraft besteht.

Mit den „heilenden Händen" kann natürlich auch ein direktes Heilen einfach mit Lebenskraft gemeint sein, die nicht durch das „Gleiches wirkt auf Gleiches"-Prinzip mit einer spezifischen Qualität geprägt worden ist.

I 22. b)   Njals-Saga

„Glück und Heil für das Werk eurer Hände!"

I 22. c)   Gesta danorum

Mittlerweile war Siward in einer Stadt in der Nachbarschaft und hatte sich der Pflege der Heiler hingegeben, die zusehends in den Tiefen der Verzweiflung versanken.

Doch während die große Wunde alle Heilmittel, die aus sie angewendet wurden, zurückwies, sah man, daß sich ein Mann von erstaunlicher Größe dem Lager des kranken Mannes näherte und versprach, daß Siward sofort geheilt und gesund werden solle, wenn er ihm die Seelen der Männer, die er in der Schlacht töten werde, weihte.

Er verheimlichte auch nicht seinen Namen und nannte sich Rostar.

Als Siward sah, daß er einen großen Nutzen für die Kosten eines geringen Versprechens erhalten konnte, stimmte er diesem Angebot sofort zu.

Der alte Mann berührte plötzlich mit seiner Hand die Wunde und verbannte die Rötung und plötzlich wuchs die Wunde zu.

Der „große Mann" ist vermutlich Odin, vielleicht auch Tyr. Er hat ganz offensichtlich „heilende Hände".

I 22. d)   Zusammenfassung

Die Heilung durch „Handauflegen" findet sich in fast allen Kulturen. Diese Form der Heilung ist mit dem Segnen fast identisch.

Es unterscheidet sich von der Homoöpathie dadurch, daß hier 1. der Schwerpunkt auf der Lebenskraft-Verbindung zwischen Heiler und Krankem und nicht auf der Analogie zwischen Krankheit und Heilmittel liegt und daß 2. die übertragene Lebenskraft nicht durch die spezifische Qualität eines Heilmittels (das eine Analogie zur Krankheit ist) geprägt worden ist.

Diese Form der Lebenskraft-Übertragung durch die „heilenden Hände" wird heute meistens „Reiki" genannt.

I 23.   Heilungs-Göttin

I 23. a)   Gylfis Vision

Die Göttin ist das wichtigste Wesen, das den Menschen bei der Heilung hilft.

Die dritte (Asin) *ist Eir, die beste der Ärztinnen.*

I 23. b)   Fiölswinn-Lied

Windkald (Tyr-Svipdag):
„Sage mir, Fiölsinn, was ich Dich fragen will
Und zu wissen wünsche:
Wie heißt der Berg, wo ich die Braut,
Die wunderschöne, schaue?"

Fiölswinn (Odin):
„Hyfiaberg heißt er, Heilung und Trost
Nun lange der Lahmen und Siechen.
Gesund ward jede, wie verjährt war das Übel,
Die den Steilen erstieg."

Windkald:
„Sage mir, Fiölsinn, was ich Dich fragen will
Und zu wissen wünsche:
Wie heißen die Mädchen, die vor Mengladas Knie
Einig beisammen sitzen?"

Fiölswinn:
„Hlif heißt eine, die andere Hlifthursa,
Die dritte Dietwarta,
Biört und Blid, Blidur und Frid,
Eir und Örboda."

Windkald:
„Sage mir, Fiölswinn, was ich Dich fragen will
Und zu wissen wünsche:
Schirmen sie alle, die ihnen opfern,
Wenn sie des bedürfen?"

Fiölswinn:
„Jeglichen Sommer, so ihnen geschlachtet
Wird an geweihtem Orte,
Welche Krankheit überkommt die Menschenkinder,
Jeden nehmen sie aus Nöten."

I 23. c) Jakob Grimm: Deutsche Mythologie

1. Pflanzen der Göttinnen

Es ist aber nur eine geringe zahl von kräutern nach göttern oder helden genannt, gegenüber den vielen auf göttinnen und weise frauen zurückführbaren. unter ihnen fallen die meisten heutzutage auf Maria, die wie bei kleinen, zierlichen käfern oder glänzenden sternen die ältere Frouwa ersetzt.

Frauenschühli ist trifolium melilotus, weil die blume einem weiberschuh gleich sieht, sonst auch Marienpantöffelchen; ist Cupripedium calceolus Veneris danach gemacht?

Frauamenteli, ösa fraua menteli alchemilla vulgaris, von ihren mantelartig gefalteten blättern.

Frauaseckeli geum rivale, Freyjuhâr kommt mehrern arten des farnkrautes zu; stimmt es bloß zur herba capillaris, capillus Veneris bei Apulejus oder ist es daher entlehnt?

Frauenträn, Marienthräne orchis mascula erinnert an Helenium, e lacrimis Helenae natum, noch mehr an Freyjas goldthränen, grâtr Freyju und an das niederfallen von blumen und edelsteinen, wenn göttinnen lachen oder weinen; ein kostbarer wein heißt unser liebfrauenmilch. wie der blumenname muttergottesgläschen entstand erzählt die kinderlegende.

Frauenschlößli, Frauenschlüssel primula veris, sonst auch himmelsschlüssel, schlüsselblume, weil sie den frühling erschließt oder schätze öfnet? sie trägt auch andre namen und ist die heilkräftige betonica, von welcher nachher noch.

Da alle solche gewächse auf unsern wiesen heimisch sind, ist es unwahrscheinlich, daß ihre benennung aus dem latein geschöpft und erst in den letzten jahrhunderten aufgebracht wurde; obgleich althochdeutsche glossen kein mit frouwa zusammengesetztes kraut darbieten.

Auf Ostara die osterblume (ôstergloie) zurückzuleiten wäre allzukühn, weil sich der ausdruck wie maiblume von der zeit ihrer blüte verstehn läßt; geopfert wurden maiblumen von weißen frauen getragen, und aberglaube räth sie vor sonnenaufgang zu pflücken.

Blumen sind fräulicher schmuck, kränze werden von jungfrauen gewunden, kräuter von erfahrnen frauen gelesen. schön sagt Marner: ›ez riuchet als ein edel krût ûz einer megde hant‹.

Warum sollte nicht schon den weisen frauen unseres frühsten alterthums kräuterkunde beigewohnt haben? noch hexen und alten weibern wird sie zugeschrieben und nicht ohne bedeutung scheint, daß die hexen ihrem buhler oder sich selbst namen aus heilkräutern entnehmen. hexenkräuter dürfen aber ganz eigentlich beschreikraut, berufkraut heißen, obgleich man diese benennung auch auf einzelne pflanzen angewandt hat.

I 23. d)   Zusammenfassung

In einigen Zaubersprüchen wird direkt eine Göttin angerufen und manche Göttinnen werden auch als Heilerinnen bezeichnet. Schließlich wurden noch manche Kräuter wurden als die Pflanze einer bestimmten Göttin angesehen.

I 24. Heilungs-Gott

I 24. a) Die Schädel-Inschrift von Ribe

Die Anrufung eines Gottes in den Heilungs-Zaubersprüchen ist sehr selten, aber es lassen sich zumindestens kurze Bitten an sie und die Schilderung ihres direkten Eingreifens finden.

Um ca. 800 n.Chr. wurde ein menschlicher Totenschädel mit einem Zauberspruch beschrieben, der wie folgt lautete:

Mögen Ulfur und Odin und Hydyr dem Buri gegen Schmerzen und Zwergenschlag helfen!

Diese Götterdreiheit besteht vermutlich aus Tyr, der als Wolfskrieger („Ulfhedinn") der Riesenwolf Fenrir ist („Ulfur" = Wolf") und aus Odin sowie einem dritten, unbekannten Gott.

Falls mit „Ulfur" nicht Tyr-Fenrir selber, sondern Loki als Vater des Fenrir gemeint sein sollte, könnte der dritte Gott mit dem Namen „Hydyr" der Ase Hönir sein, der zusammen mit Odin und Loki in vielen Mythen eine Dreiheit gebildet hat, die die drei Stände repräsentiert hat (Odin: Fürsten und Krieger; Hönir: Priester und Heiler; Loki: Bauern und Handwerker).

Ein „Zwergenschlag" ist vermutlich ein „Hexenschuß". Es könnte sich jedoch auch um einen Fieberschub handeln, da das angelsächsische Wort „dweorh" für Fieber eine Ableitung von germanisch „dwergaz" für „Zwerg" ist.

I 24. b) angelsächsischer Zauberspruch gegen einen Zwerg

Gegen einen Zwerg soll man sieben kleine Oblaten nehmen so wie die, die in der Kommunion benutzt werden, und die folgenden lateinisch-christlichen Namen auf sie schreiben: Maximianus, Malchus, Iohannes, Martimianus, Dionisius, Constantinus, Serafion.

Singe dann das Zauberlied, das unten niedergeschrieben ist – erst in das linke Ohr, dann in das rechte Ohr, dann über dem Kopf des Mannes. Dann soll eine Maid zu ihm gehen und sie (vermutlich die Oblaten) über seinen Nacken hängen – laß sie das drei hintereinander tun. Er wird bald gesund werden.

I 24. c) Gesta danorum

Hadding, der solchermaßen seiner Amme beraubt worden war, traf einen Mann mit Namen Lysir, der in einem feierlichen Schwur sein Verbündeter wurde – durch das Betreiben eines Mannes von hohem Alter, der nur ein Auge hatte und der Erbarmen mit der Einsamkeit des Hadding hatte.

Lysir („Glänzender, Leuchtender") ist offensichtlich Odin. Dieser Name klingt, als ob er sich auf Odins Goldhelm und somit letztlich auf Tyr beziehen würde, dessen Goldhelm ihn als Sonnengott charakterisiert.

Nun war es bei den Alten, wenn sie ein Bündnis eingehen wollten, der Brauch, die Fußspuren des jeweils anderen mit ihren Blut zu besprenkeln und auf diese Weise ihr Freundschafts-Versprechen durch einen Austausch ihres Blutes zu bestätigen.
Lysir und Hadding, die auf diese Weise durch das festeste Band aneinander gebunden waren, erklärten daraufhin Loker, dem Unterdrücker der Kurländer, den Krieg.
Sie wurden jedoch besiegt und der alte, zuvor erwähnte Mann nahm Hadding, als dieser auf dem Rücken seines Rosses floh, mit in sein Haus und erfrischte ihn dort mit einem gewissen angenehmen Trank und erzählte ihm, daß er sich schon bald wieder frisch und kräftig in seinem Leib fühlen werde.

Odins Haus ist Walhall, d.h. das Jenseits. Der „erfrischende Trank" ist das Horn voll Met, das auch auf den Runensteinen die Walküre, d.h. die Jenseitsgöttin dem Toten reicht.
Dieser Trank ist ursprünglich der rituelle Wiedergeburts-Trank der Indogermanen gewesen: der Met der Kelten und Germanen, der Nektar ambrosia („Unsterblichkeits-trank") der Griechen, das Soma amrita („Unsterblichkeitstrank") der Inder, das Haoma der Perser usw. Der Ursprung dieser Symbolik ist die Milch der Jenseitsgöttin, mit der sie die Toten nach deren Wiedergeburt im Jenseits stillt.

Diesen prophetischen Rat bestärkte er mit einem Lied, das wie folgt lautete:

„Während Du hierher geflohen bist, hat Dich ein Feind, der Dich für einen Deserteur hielt, verfolgt – er will Dich fesseln und Dich von den kauenden Kiefern von Raubtieren zerreißen lassen.
Doch Du sollst die Ohren der Wächter mit allerlei Geschichten füllen und wenn sie das Fest gefeiert haben und ein tiefer Schlaf sie gefangen hält, dann löse Deine Fesseln und die verhaßten Ketten.
Wende Deine Schritte dann hierher und wenn eine Weile verstrichen ist, dann richte all Deine Kraft gegen den geschwinden Löwen, der die Leichen der Gefangenen zu

zerreißen pflegt, und presse mit Deinen starken Armen gegen seine wilden Schultern und suche mit dem nackten Schwert nach seinen Herzmuskeln.

Richte sofort Deine Kehle zu ihm und trinke sein dampfendes Blut und verschlinge mit gierigen Kiefern das Festmahl seines Leibes.

Dann wird erneute Stärke in Deine Glieder kommen und eine nie erträumte Kraft in Deine Sehnen eintreten und eine Anballung von großer Kraft wird Deine ganze Gestalt erfüllen und durchströmen.

Ich selber werde den Pfad zu der Erfüllung Deiner Gebete ebnen und werde die Gefolgsleute in ihrem Schlaf meinem Willen unterwerfen und werde sie die ganze Nacht hindurch schnarchen lassen."

Das Trinken des Blutes eines Tieres übertrug dessen Eigenschaften auf den Trinker – dies wird von den Germanen auch über Wolfsblut und Drachenblut berichtet. Dieses Verfahren ist eine direkte Übertragung von Lebenskraft einschließlich der Eigenschaften dieser Lebenskraft.

Und nachdem er gesprochen hatte, hob er den jungen Mann wieder auf sein Pferd und brachte ihn dorthin zurück, wo er ihn gefunden hatte.

Hadding zitterte unter seinem Mantel, aber seine Verwunderung über das, was geschehen war, war so groß, daß er durch die Löcher (des Mantels des Lysir) *spähte. Und er sah, daß vor den Schritten des Rosses das Meer lag – doch ihm wurde gesagt, daß er nicht versuchen solle, einem Blick des Verbotenen zu erhaschen. Daher wandte er seinen Blick von den erschreckenden Dingen auf dem Weg, auf dem sie reisten, fort.*

Dann wurde er von Locker gefunden und erkannte durch sein eigenes Erleben, daß jeder Teil der Prophezeiung an ihm erfüllt worden war.

I 24. d)   Gesta danorum

Ein Teil des folgenden Textes ist schon in Kapitel 22 zitiert worden:

Mittlerweile war Siward in einer Stadt in der Nachbarschaft und hatte sich der Pflege der Heiler hingegeben, die zusehends in den Tiefen der Verzweiflung versanken.

Doch während die große Wunde alle Heilmittel, die auf sie angewendet wurden, zurückwies, sah man, daß sich ein Mann von erstaunlicher Größe dem Lager des kranken Mannes näherte und versprach, daß Siward sofort geheilt und gesund werden solle, wenn er ihm die Seelen der Männer, die er in der Schlacht töten werde, weihte.

Er verheimlichte auch nicht seinen Namen und nannte sich Rostar.

Als Siward sah, daß er einen großen Nutzen für die Kosten eines geringen Verspre-chens erhalten konnte, stimmte er diesem Angebot sofort zu.

Der alte Mann berührte plötzlich mit seiner Hand die Wunde und verbannte die Rötung und plötzlich wuchs die Wunde zu.

Der „große Mann" ist vermutlich Odin, vielleicht auch Tyr. Er hat ganz offensicht-lich „heilende Hände".

Schließlich streute er Staub auf seine Augen und ging fort. Da erschienen auf einmal Flecken und der Staub verwandelte sich zum Erstaunen der Betrachter wunderbarerweise in kleine Schlangen.

Schlangen waren die wichtigsten Heilungs-Tiere, da sie Bewohner der Unterwelt waren. Diese Schlangen erinnern zum einen an eine andere Stelle in der Gesta dano-rum, an der drei zauberkundige Frauen dem Baldur eine mit Schlangengift bereitete Zauber-Speise geben sowie an einige andere Schlangen-Zauberspeisen (siehe auch den Band 70 über die „Zaubertränke"), und zum anderen an den Sigurd-Beinamen „Schlange-im-Auge".

I 24. e) Gesta danorum

Aber noch immer gab er (Odin) das Erreichens eines Zieles nicht auf, denn das Vertraute in seine eigene göttliche Größe erfüllte ihn mit Zuversicht; daher nahm dieser unermüdliche Wanderer die Gestalt einer jungen Frau an und kehrte ein viertes mal zu dem König zurück und zeigte sich, nachdem er von ihm aufgenommen worden war, hilfreich, ja zuvorkommend. Die meisten Menschen nahmen ihm ab, daß er eine Frau sei, denn er war in weibliche Gewänder gekleidet. Er sagte zudem, daß sein Name „Wecha" sei, und sein Beruf Heilerin: und diese Behauptung bewies er durch seine bereitwilligsten Dienste.

Der Name „Wecha" ist von dem germanischen Wort „wäha" für „weihen" abgelei-tet. Er ist eine Weiterentwicklung des Gottesnamen „We", mit dem in der Dreiheit „Woden, Wili, We" der Stand des Priesters/Heilers bezeichnet wird.

Das „Weihen" scheint daher ein wesentliches Element der Heilung gewesen zu sein: das Bitten um den Segen einer Gottheit (das Senden von Lebenskraft durch diese Gottheit) und das Übertragen von Lebenskraft durch die „heilenden Hände" eines Menschen.

Schließlich wurde er in den Haushalt der Königin aufgenommen und erhielt dort die Aufgabe der Kammerzofe der Königstochter (die Göttin Rindr, die hier als Königstochter angesehen wird) *und wusch sogar regelmäßig am Abend den Schutz von ihren Füßen; und als er mit dem Wasser sie beim Waschen netzte, konnte er sogar ihre Waden und ihre Oberschenkel berühren.*

Doch das Glück geht mit wechselhaften Schritten voran und so führte der Zufall in seine Hände, was seine Absicht nie erreicht hatte. Denn es geschah, daß das Mädchen erkrankte und nach Heilung suchte; und sie rief zum Schutze ihrer Gesundheit eben jene Hände herbei, die sie zuvor zurückgewiesen hatte und bat jenen um Erhaltung ihres Lebens, den sie zuvor verabscheut hatte.

Er untersuchte genauestens alle Zeichen ihrer Krankheit und sagte schließlich, daß es, um die Krankheit so bald wie möglich aufzuhalten, notwendig sei, einen bestimmten Heiltrank anzuwenden; aber daß dieser Trank derart bitter zusammengemischt sei, daß die Maid niemals eine solch heftige Heilung ertragen könnte, wenn sie nicht bereit wäre, sie anbinden zu lassen; denn die Säfte der Krankheit müßten aus den innersten Fasern herausgeworfen werden.

Als der Vater dies hörte, zögerte er nicht, seine Tochter zu binden; und nachdem er sie auf das Bett gelegt hatte, bat er sie, geduldig alle Heilmittel der Heilerin zu ertragen. Denn der König wurde durch das Frauengewand getäuscht, das der alte Mann trug um seine nicht ermüdende List zu verbergen; und so wurde die scheinbare Heilung zu einem Ereignis der Empörung.

Denn der Heiler ergriff die Gelegenheit zur Liebe und ließ von seiner Tätigkeit des Heilens ab und eilte zu der Arbeit – nicht zu der Vertreibung des Fiebers, sondern zu den Arbeiten der Lust; er nutzte die Krankheit der Königstochter, die ihm bei guter Gesundheit widerstanden hatte.

Ich werde nicht langweilen, wenn ich eine weitere Version dieser Angelegenheit hinzufüge. Denn es gibt einige, die sagen, daß der König, als er sah, wie der Heiler unter seiner Liebe litt, aber trotz all seiner geistigen und körperlichen Anstrengungen nichts erreichte, ihn nicht seines ihm zustehenden Lohnes, den er sich so redlich verdient hatte, berauben wollte und ihm deshalb erlaubte, mit seiner Tochter ungestört zusammenzuliegen.

So fällt die Verdorbenheit des Vaters manchmal auf die Tochter zurück, wenn starke Leidenschaft die natürliche Milde verzerrt. Aber seinem Vergehen folgte schon bald eine Reue, die voller Scham war, als seine Tochter einen Sohn gebar.

I 24. f) Zusammenfassung

Anscheinend wurde Odin als Heiler angesehen. Da er ursprünglich vor allem ein Schamanengott gewesen ist, ist dies nicht verwunderlich, da die Schamanen die Toten begleiten (wie Odin seinen Sohn Baldur) und daher den Tod kennen, der als die größte aller Krankheiten angesehen worden ist. Und wer den Tod kennt, kennt auch die kleinen Tode, d.h. die Krankheiten …

Die vielen Pflanzennamen, die sich auf Tyr beziehen, sind aus demselben Grund entstanden: Als Sonnengott-Göttervater ist Tyr jede Nacht und jeden Winter durch die Unterwelt gereist und kennt daher ebenfalls den Tod sehr gut.

I 25. Ahnen

I 25. a) Jakob Grimm: Deutsche Mythologie

Vermutlich sind auch die Ahnen als Helfer bei Heilungen angerufen worden, auch wenn dies nirgendwo direkt gesagt wird.

> *Hyfjaberg þat heitir, en þat hefir leingi verit*
> *siukom ok sâri gaman:*
> *heil verðr hver, þótt hafi ârs sôtt,*
> *ef þat klîfr kona.*

ich übersetze:

> *Hyfjaberg heißt der fels und lange war er den siechen*
> *und der wunde freude (d. h. hilfe);*
> *heil wird jede frau, die ihn erklimmt,*
> *und wäre sie schon ein jahr krank.*

Der fels ist also ein heiliger, der Menglöd und ihren jungfrauen geweihter ort, auf welchem jede kranke ihn ersteigende frau rettung fand. was Hyfjaberg oder nach andrer lesart Hyfvja, Hyfaraberg bedeute kann ich noch nicht angeben; es genügt uns, daß solche heilfelsen vortreflich zu dem begrif stimmen, den man sich von den klugen frauen der vorzeit zu bilden hat. alle weissagerinnen, parzen und musen wurden auf bergen hausend gedacht.

„Hyfjaberg" bedeutet „Hilfe-Berg". Er ist ein Hügelgrab, an dem die Menschen Hilfe von ihren Ahnen und von der Jenseitsgöttin erhielten, die ja auch die Wiedergeburts-Geliebte des Toten in seinem Hügelgrab gewesen ist.

Menglöd könnte geradzu für Freyja erklärt werden, und im dienst der höchsten göttin ständen die übrigen ihr gleichartigen frauen, und der heilkunst ist ein ruhmvoller ursprung nachgewiesen.

„Menglöd", „Glöd" und „Menja" sind drei Beinamen der Freya, die sich auf den goldenen Halsreif („men") der Freya beziehen, an dem sie sich erfreut („glöd"; englisch: „glad").

Nun wird es auch begreiflich sein, warum Brynhild, der auf dem berg wohnenden valkyrie ›lif með lækning‹ (pharmaca cum medela) zukam; sie ist weise zauberkundige frau, pharmaceutria, herbaria, versteht sich aber auf wunden binden (undir dreyrgar yfir binda) gleich Hiltgund (Waltharius).

„Lif med läkning" bedeutet „Leben mit Heilung". Brynhild in ihrem von einer Waberlohe umgebenen Hügelgrab ist eine Saga-Variante der Göttin Freya im Hügelgrab.

I 25. b) Zusammenfassung

Der „Fels" der Freya-Menglöd ist ein Hügelgrab – genauso wie der „zufallende Hügel" der Gunnlöd und die „Höhle" der Hel. Da dieses Hügelgrab die Ahnen enthält und „Hilfshügel" genannt wird, ergibt sich daraus, daß die Ahnen in diesem „Heilung bringenden Hügelgrab" um Hilfe bei Krankheiten gebeten worden sind.

I 26.   Heilung = Jenseitsreise

I 26. a)   Jakob Grimm: Deutsche Mythologie

Aus der Auffassung der Krankheit als „kleiner Tod" ergab sich zwangsläufig die Auffassung der Heilung als „kleine Jenseitsreise".

Heilkraft des feuers und der flamme bewährte sich an giftigen wunden, die ausgebrannt wurden; schon ist genannt ›eldr við sôttum‹, feuer gegen krankheiten. auf den rothlauf wurde feuer geschlagen, um es gegen feuer zu schützen wurde das vieh über das heilige notfeuer getrieben.

Alte fieberkur war, das kind auf den ofen oder das dach zu legen:

> *mulier si qua filium suum ponit supra tectum aut in fornacem pro sanitate febrium. posuisti infantem tuum juxta ignem.*

Nimmt das kind nicht zu, so hat es das elterlein, man schiebe es in den backofen, so weicht das elterlein.

Diese heilart gehört zu dem verfahren der göttinnen und nachtfrauen, wenn sie kinder an die flamme legen.

Man heilte aber auch, indem man kinder oder vieh durch ausgehölte erde, hole steine oder einen gespaltnen baum gehen und kriechen ließ.

Das hielt allen zauber ab, oder vernichtete ihn oder wirkte sympathetisch. schon die canones Edgari nach der angelsächischen übersetzung:

> *›treovvurðunga and stânvurðunga and þone deofles cräft, þær ma þa cild þurch þa corðan tihð‹. ›mulieres, quae habent vagientes infantes, effodiunt terram et ex parte pertusant eam et per illud foramen pertrahunt infantem‹.*

Ammen nehmen das neugeborne kind und stoßen es durch ein hol: will es nicht gehen lernen, läßt man es durch ranken des brombeerstrauchs kriechen, die in die erde gewachsen sind.

Kranke schafe müssen durch eine gespaltne junge eiche kriechen.

> *›nullus pracsumat pecora per cavam arborem aut per terram foratam transire‹.*

Gelöcherter steine gedenken die urkunden verschiedentlich: ›from þyrelan stâne‹; ›durihilîn stein‹. italienisch pietra pertusa. sie heißen auch nadelöhr, ein solches stand z. b. zwischen Hersfeld und Vacha bei Friedewald, sie scheinen auch an die stelle alter holer bäume, die man hoch hielt, nach deren aussterben gesetzt:

> *nadelöhr est lapis perforatus in locum arboris olim excavatae in media silva venatoribus ob ferarum silvestrium copiam frequente a Mauritio Hassiae landgravio ad viam positis, per quem praetereuntes joci et vexationis gratia proni perrepere solent.*

Löcher aller Art wurden vermutlich ursprünglich als Jenseitstor und evtl. auch als Mutterschoß angesehen.

Das hänseln der jäger und reisenden blieb noch als der glauben an die heilkraft lange geschwunden war.
In Gallien mag er fester gehaftet und weiter umgegriffen haben.

> *ɪles enfans trop faibles reprennent des forces, lorsqu'ils ont été assis dans le trou de la pierre saint Fessé, cette pierre informe placée au milieu d'un champ est respectée par les laboureurs, et la charrue laisse un espace libre à l'entourɩ.*

Dieses schlüpfen durch eichspalt, erde oder stein scheint auf den genius des baums, der erde das siechthum oder den zauber zu übertragen.
Aus dem Magdeburgischen vernahm ich folgendes: wenn zwei brüder, am besten zwillinge, einen kirschbaum in der mitte spalten und das kranke kind hindurchziehen, dann den baum wieder zubinden, so heilt das kind wie der baum heilt.
In der Altmark bei Wittstock stand eine dicke krause eiche, deren äste in einander und löcher hindurch gewachsen waren: wer durch diese löcher kroch, genas von seiner krankheit, um den baum herum lagen krücken in menge die die genesenden weggeworfen hatten.
In Schweden heißen solche runde öfnungen zusammengewachsner äste elfenlöcher, und frauen werden in kindesnöthen hindurch gezwängt.
Von welchen krankheiten man auf solche weise genas, wird nicht immer berichtet, folgende stelle lehrt, daß noch im vorigen jahrhundert das englische landvolk so die brüche heilte:

> *ɪin a farmyard near the midle of Selborne (a village in the county of Southampton) stands, at this day, a row of pollardashes (gestutzten eschen), which, by the scams and long cicatrices down their sides, manifestly shew that, in former times, they have been cleft asunder. these trees, when young and flexible, were severed and held open by wedges, while ruptured children,*

stripped naked, were pushed through the apertures, under a persuasion that, by such a process, the poor babes would be cured of their infirmity.

As soon, as the operation was over, the tree in the suffering part, was plastered with loam, and carefully swathed up. If the part coalesced and soldered together, as usually fell out, where the feat was performed with any adroitness at all, the party was cured; but where the cleft continued to gape, the operation, it was supposed, would prove ineffectual. We have several persons now living in the village, who, in their childhood, were supposed to be healed by this superstitious ceremony, derived down perhaps from our saxon ancestors, who practised it before their conversion to christianity.

At the south corner of the area neer the church, there stood about twenty years ago, a very old grotesque hollow pollardash, which for ages had been looked on with no small veneration as a shrewash. now a shrewash is an ash whose twigs or branches, when gently applied to the limbs of cattle, will immediately relieve the pairs which a beast suffers from the running of a shrewmouse (spitzmaus) over the part affected, for it is supposed that a shrewmouse is of so baneful and deleterious a nature, that wherever it creeps over a beast, be it horse, cow, or sheep, the suffering animal is afflicted with cruel anguish, and threatened with the loss of the use of the limb.

Against this accident, to which they were continually liable, our provident forefathers always kept a shrewash at hand, which, when once medicated, would maintain its virtue for ever, a shrewash was made thus: into the body of the tree a deep hole was bored with an auger, and a poor devoted shrewmouse was thrust in alive, and plugged in, no doubt, with several quaint incantations long since forgotten.

As the ceremonies necessary for such a consecration are no longer understood, all succession is at an end, and no such tree is known to subsist in the manor or hundred. as to that on the area, the late vicar stubbd and burnt it, when he was waywarden, regardless of the remonstrances of the bystanders, who interceded in vain for its preservation‹.

Diese Durchreichen eines kranken Kindes durch den Stamm einer teilweise frisch gespalten, aber noch verwurzelten und lebenden Esche, erinnert sehr an die Welteschen Yggdrasil, die auch der Weg in das Jenseits ist. Offenbar sollte durch diese Zeremonie entweder die Krankheit des Kindes in das Jenseits gesandt werden oder der Segen der Ahnen und Götter aus dem Jenseits in das Kind gerufen werden.

Möglicherweise hat es einst sogar eine Assoziation zu der „Wiedergeburt" der beiden ersten Menschen Ask und Embla („Esche" und „Ulme") nach dem Ragnarök aus dem Stamm der Weltesche als das neue Menschenpaar Lif und Lifthrasir („Leben" und „Lebenssehnsucht") gegeben.

Der Bezug eines Heilungsrituals auf einen wichtigen Vorgang in den Mythen setzt die Heilung zu diesem mythologischen Vorgang in Analogie und zwingt gewissermaßen die Heilung, genauso zu verlaufen wie der mythologische Vorgang. Auch hier wirkt „Gleiches auf Gleiches".

Dieser aberglaube von der mausesche schlägt in anderes ein, was schon vorher berührt wurde. einmal gleicht die eingepflöckte maus dem in die hohle eiche eingepfählten unglück, und es kommt uns zu statten, was Luthers tischreden melden: ›es wird ein loch in einen baum gebohrt, die seele darein gesetzt und ein pflock dafür geschlagen, daß sie darinne bleibe‹. dann aber nehmen seele oder geist, indem sie den leib verlassen, auch andremal die gestalt einer maus an.

Raibiht nennen die Letten eine abergläubische kur bei kopfschmerz: der leidende wird einigemal mit lindenbast um das haupt gemessen und muß hernach durch diesen bast kriechen.

Es kommt auch vor, daß durch gebohrte löcher des heilsamen baums wasser gegossen und getrunken werde.

Dieser Brauch scheint eine Weihung zu sein, die das Wasser mit dem Weltenbaum verbindet und somit mit dem Segen der Ahnen und Götter auflädt.

Eine art angang (Omen) ist es, daß die drei ersten korn oder schlehblüthen, deren man im jahr ansichtig wird, heilmittel wider das fieber abgeben, vergleiche die dritthalb rockenkorn.

Am Vogelsberg tragen die gichtkranken eiserne ringe, aus nägeln, an welchen menschen sich erhängt haben, geschmiedet, am ringfinger der rechten hand. gichtsegen werden in ungebleichter leinwand mit leinen fäden ohne knoten auf der brust getragen. beides gehört zu den amuleten und bindungen. heilende gürtel kennt schon Marcellus.

Diese Selbstmörder-Ringe stellten offenbar eine Verbindung zum Jenseits dar – zumal schon das Eisen selber ein Jenseits-Symbol gewesen ist.

Krankheiten und heilmittel werden auch in die erde vergraben, in den ameisenhaufen. Hierher gehört eine heilung der epilepsie im 10. jahrhundert durch eingegrabne pfirsichblüten, wie sie Ratherius in seinen praeloquiis ungläubig meldet:

> *factum sit, infectum sit, narratum est quod refero. Cujusdam divitis filius gutta, quam cadivam dicunt, laborabat. medicorum omne probatissimorum erga eum inefficax ingenium ad desperationem salutis paternum atque maternum deduxerat animum, cum ecce unus servorum suggerit, ut flores arboris*

persicae optime mundatos primo lunis (d.h. lunae) die aprilis mensis in vase
vitreo colligerent, quod sub radice ejusdem arboris, insciis omnibus, ab uno
quo vellent suffoderetur, eodem die reversuro ipso, a quo positum est, anno
vergente, si fieri posset, hora quoque eadem, et effosso vase flores in oleum
conversos arborem siccatam inventuro, quod sub altare positum, presbytero
quoque ignorante, novem missis super eo celebratis sanctificaretur, et statim
post accessum ejusdem morbi novem vicibus in haustum diatim scilicet aegro
daretur, cum oratione dominica, ita duntaxat, ut post ›libera nos a malo‹ a
dante diceretur: ›libera deus istum hominem, nomine ill., a gutta cadiva‹, et
quibus novem diebus missam quotidie audiret, azymum panem cibumque qua-
dragesimalem post jejunium caperet, atque ita deo miserante convalesceret.
Si tamen factum est, ille convaluit, servus emancipatus est, etiam heres
adscriptus, medicina ab innumeris adprobata multis quoque salutis contulit
remedia.

   Flieder oder hollunder hilft gegen zahnweh und fieber: der fieberkranke steckt,
ohne ein wort dabei zu sprechen, einen fliederzweig in die erde. da bleibt das fieber
am flieder haften, und hängt sich dann an den, der zufällig über die stätte kommt
(dänisch). Besonders ist flieder heilsam, der über bienenstöcken (op bjintjekoven)
wächst; man schält seinen bast nach oben (nicht nach unten) zu, und gibt dem
kranken den absud zu trinken.
   Beachtenswerth ist dies übertragen der krankheit auf bäume, d. h. auf den geist, der
in ihnen wohnt.
   Unter den beschwörungsformeln beginnt xxvi mit den worten: ›zweig ich biege
dich, lieber nun laß mich!‹ ›hollerast hebe dich auf, rothlauf setze dich drauf, ich hab
dich einen tag, habe dus jahr und tag!‹
   Wer die gicht hat gehe drei freitage hinter einander nach sonnenuntergang unter
einen tannenbaum: ›tannenbaum ich klage dir, die gicht plagt mich schier‹ u.s.w., die
tanne wird dörren und die gicht aufhören. ›deus vos salvet sambuce, panem et sal ego
vobis adduco, febrem tertianam et quotidianam accipiatis vos, qui nolo eam‹.
   Westendorp verzeichnet folgenden niederländischen brauch. Wer vom kalten fieber
genesen will, gehe frühmorgens (in der uchte) zu einem alten weidenbaum, knüpfe
drei knoten in einen ast, und spreche dazu: ›goe morgen, olde, ik geef oe de kolde,
goe morgen olde!‹ dann kehre er um und laufe, ohne sich umzusehen, eilends fort. es
heißt: wer fieberfrost hat gehe stillschweigends und über kein wasser zu einer holen
weide, hauche dreimal seinen athem hinein, keile das loch schnell zu und eile ohne
sich umzusehn und ein wort zu sprechen heim, so bleibt das fieber fort. formel xliv
wird die gicht auf frau fichte übertragen.
   ... ...

Wasser und Feuer scheinen Jenseitssymbole zu sein: die Wasserunterwelt und die Waberlohe als Jenseitsgrenze.

Wasser, quellen und feuer haben kraft die gesundheit zu erhalten oder herzustellen; besonders aber die quelle, welche der gott oder der heilige in dem fels gesprengt hat. die um den heilquell gewundne oder dabei erscheinende schlange darf dem schlangenstab Aesculaps verglichen werden.

Aus felsen und mauern trieft heilendes wasser oder öl.

Die eingemauerte mutter reichte noch eine zeitlang aus einer öfnung der wand heraus ihrem säugling die brust, bis sie endlich starb. an dieser tropft es beständig, weiber denen die milch vergangen ist, treten dahin und werden geheilt, die muttermilch hatte so lange geströmt, daß sie auch fremde brüste in fluß bringt.

Aus Italien kenne ich eine ähnliche sage:

›est quoque non procul ab hoc oppido (Veronae) in valle quadam Policella dicta locus Negarina nomine, ubi saxum durissimum visitur, in quo mammae ad justam muliebrium formain sculptae sunt, ex quarum papillis perpetuae stillant aquae, quibus si lactans mulier papillas aspersit et laverit, exsiccatus aliquo ut fit vel morbo vel alio casu, illi lacteus humor revocatur.‹

Eines milchtropfenden felsens gedenkt auch Faber evagatorium. litthauisch Laumês papas der Laumê zitze heißt ein harter stein.

Dieser „Stein mit der Zitze" geht vermutlich auf das Hügelgrab zurück, in der die Erd- und Jenseitsgöttin den Toten nach dessen Wiedergeburt stillt.

I 26. b) Zusammenfassung

Das Tragen der Kranken durch ein Feuer oder durch eine Art von Tor ist eine symbolische Jenseitsreise, die dem Kranken helfen sollte, wieder gesund zu werden. Seine Genesung wurde in diesem Zusammenhang vermutlich als eine Analogie zu der morgendlichen Wiedergeburt der Sonne nach ihrem Weg durch das Jenseits aufgefaßt. Das Loch im Baum bezieht sich auf den Weltenbaum als Tor bzw. Weg zwischen den beiden Welten (Diesseits und Jenseits).

I 27.   Heilsteine

I 27. a)   Kormak-Saga

Die Glückssteine waren offenbar auch Heilsteine:

Eine Weile später kam Thord zu seinem Lager und brachte ihm den Glücksstein zurück und heilte damit den Bersi und sie schlossen erneut Freundschaft und sie hielt danach ungebrochen für immer.

I 27. b)   Lachstal-Saga

„Wenn ein Mann von dem Schwert Skofnung verwundet wird, kann er nicht wieder gesunden, außer wenn der Heilstein, der zu dem Schwert gehört, auf der Wunde gerieben wird.“

... ...

Thorkell sah, daß Grim wegen seines Blutverlustes ohnmächtig zu werden begann. Da nahm er den Skofnung-Stein und rieb ihn auf der Wunde und band ihn an Grims Arm und sofort nahm er allen heftigen Schmerz und die Schwellung aus der Wunde.

I 27. c)   Der Siegstein

Die Siegsteine waren vermutlich eine Spezialform der Heilsteine. Da der Siegstein stets im Besitz des Sommergottes Tyr oder des Wintergottes Loki bzw. von deren Sagen-Nachfolgern war, ist anzunehmen, daß der Besitz dieses Steines bestimmte, wer von den beiden gerade herrschte, was wiederum die Jahreszeit bestimmt hat: Tyr besitzt diesen Stein im Sommer und Loki besitzt ihn im Winter. Dieser Stein wird daher mit dem Goldring der Freya („Brisingamen"), der Fulla („Haarreif"), des Tyr („Andvarinaut") und des Odin („Draupnir") identisch sein.

Siehe dazu auch das Kapitel „Siegstein" in Band 67.

I 27. d)   Jakob Grimm: Deutsche Mythologie

1.   Steine – allgemein

Viel weniger mythisch als kräuter sind Steine, obschon edle von den gemeinen, wie bei jenen, unterschieden werden. denn die steine wachsen nicht so lebendig und sind nicht so zugänglich wie die pflanzen; der blume kann jeder hirte und wandersmann in wald und auf wiese nahen, die edelsteine werden nicht in unserm boden gezeugt, sondern dem schoß der erde abgewonnen, aus weiter ferne eingeführt. bedeutsam galt daher kräuterkunde für heidnisch, steinkunde für jüdisch; jüdische, maurische handelsleute holen die edelsteine aus dem morgenland. wunder und heilkraft der edelsteine waren im mittelalter frühe bekannt, nie aber volksmäßig, und darum gibt es fast auch keine deutschen namen und sagen dafür. dies verhältnis kann also zur bestätigung der heimischen mythen von den pflanzen gereichen. aus Marbods, Evax, Albertus magnus und anderer weitverbreiteten werken über die edelsteine gieng so wenig haftende sage unter das volk als aus Walahfried oder Macer Floridus, die von kräutern gelehrt und trocken, wie ärzte, meldeten. auch des Plinius nachrichten im 36. buch scheinen auf unsern aberglauben gar nicht eingeflossen zu sein.

I 27. e)   Zusammenfassung

Es gab Heilsteine, die jedoch nicht im heutigen Sinne eine bestimmte Steinart für eine bestimmte Krankheit waren, sondern eine Analogie zu dem Siegstein, um den sich Tyr und Loki endlos stritten. Dieser „Siegstein" ist mit dem magischen Goldring identisch, der die Sonne symbolisiert (Draupnir, Andvarinaut, Brisingamen, Fullas Haarreif usw.).

I 28. Krankenhäuser

I 28. a) Die Saga über Sturlaug den Mühen-Beladenen

Danach trugen sie in ihn in das Frauenhaus. Die Königstochter hatte ein kleines Haus für Kranke und es war dort innen sehr angenehm für kranke Menschen, die dort zwischen sanften und mitfühlenden Frauenvolk bleiben konnten.

Guttorm blieb eine Weile dort in dem Krankenhaus der Königstochter und wurde gut versorgt. Die Königstochter war zusammen mit ihren Kammerzofen stets dort und heilte Guttorm mit Geschick und Weisheit, von der sie reichlich besaß, und ebenso heilte sie dort so manchen Kranken, Reiche und Arme, Frauen und Männer, und ließ sie wieder gesund werden.

I 28. b) Zusammenfassung

Es scheint vereinzelt spezielle Pflege-Häuser für Kranke gegeben zu haben.

I 29. Geburt

I 29. a) Fafnir-Lied

Die Geburt zählt zwar nicht zu den Krankheiten, aber zu den „körperlichen Krisen" und wird daher von den Germanen ähnlich wie die Krankheiten angesehen.

Sigurd:
„Laß Dich fragen, Fafnir, da Du vorschauend bist
Und wohl manches weißt:
Welches sind die Nornen, die notlösend heißen
Und Mütter entbinden können?"

Hier sind die Nornen vor allem Geburts-Göttinnen. Fafnir ist der Drache, den Sigurd gerötet hat – dieser Drache ist ursprünglich Tyr als Sonnendrache im Jenseits gewesen.

I 29. b) Fiölswinn-Lied

Windkald (Tyr-Svipdag):
„Sage mir, Fiölswinn, was ich Dich fragen will
Und zu wissen wünsche:
Wie heißt der Baum, der die Zweige breitet
Über alle Lande?"

Fiölswinn (Odin):
„Mimameid heißt er, Menschen wissen selten
Aus welcher Wurzel er wächst.
Niemand erfährt auch wie er zu fällen ist,
Da Schwert noch Feuer ihm schadet."

Windkald:
„Sage mir, Fiölswinn, was ich Dich fragen will
Und zu wissen wünsche:
Welchen Nutzen bringt der weltkunde Baum,
Da weder Feuer noch Schwert ihm schadet?"

Fiölswinn (Odin):
„Mit seinen Früchten soll man feuern,
Wenn Weiber nicht wollen gebären.
Aus ihnen geht dann was sonst innen bliebe:
So wird er der Leute Lebensbaum."

I 29. c) Oddruns Klage

Ich hörte sagen in alten Geschichten,
Daß eine Maid kam gen Morgenland.
Niemand wußte auf weiter Erde
Der Tochter Heidreks Hilfe zu leisten.

Der Name des Königs Heidrek bedeutet „Licht-König" und ist einst ein Beiname des ehemaligen Sonnengott-Göttervaters Tyr gewesen. Die Tochter des Heidrek ist die Jenseitsgöttin, die in der Saga zu einer Königstochter geworden ist. Sie erscheint unter verschiedenen Namen wie in diesem Lied als „Borgny", in der Hervor-Saga als „Hervor" oder in der Ragnars-Saga als „Borgarhjart". Vermutlich ist „Brogny" eine Kurzform des Namens „Borgarhjart", der „Hirsch-Burg" bedeutet und dem Namen „Hindinhügel" des Hügelgrabes der Brünhild entspricht.

Die „Burg" bzw. der „Berg" ist das Hügelgrab und die Hindin ist die Gestalt der Jenseitsgöttin im Hügelgrab, wenn der Tote bei seiner Wiederzeugung die Gestalt eines Hirsches annimmt. Durch diesen Gestaltwandel des Toten und der Jenseitsgöttin ist die Hügelgrab-Bezeichnung „Hirsch-Burg" bzw. „Hindin-Hügel" entstanden, der dann auch zu einem Namen der Göttin selber geworden ist.

Das hörte Oddrun, Atlis Schwester,
In schweren Wehen winde die Jungfrau sich.
Sie zog aus dem Stalle den Scharfgezäumten
Und schwang dem Schwarzgaul den Sattel auf.

Sie spornte den schnellen den ebnen Sandweg
Bis sie die hohe Halle stehen sah.
Von des Rosses Rücken riß sie den Sattel,
Trat ein und schritt den Saal entlang.
Dies war das erste Wort, das sie sprach:

144

„In diesen Gauen gibt es was Neues?
Was hört man Gutes in Hunnenland?"

  Eine Magd:
„Borgny liegt hier überbürdet mit Schmerzen,
Deine Freundin, Oddrun: eil ihr zur Hilfe."

  Oddrun:
„Welcher der Fürsten fügte den Schimpf Dir?
Warum ist so bitter Borgnys Qual?"

  Die Magd:
„Wilmund heißt des Herrschers Vertrauter:
Er wand die Maid in warme Decken
Fünf volle Winter ohne des Vaters Wissen."

Sie sprachen, dünkt mich, dies und nicht mehr.
Mildreich saß sie der Maid vor den Knien.
Kräftig sang Oddrun, mächtig sang Oddrun
Zauberlieder für Borgny.

Da konnte den Kiesweg Knab und Mädchen treten,
Die holden Sprößlinge des Högnitöters.
Zu sprechen säumte nicht die sieche Maid;
Dies war das erste Wort, das sie sprach:

„So mögen milde Mächte Dir helfen,
Frigg und Freyja und viel der Götter,
Wie Du mich befreitest aus gefährlicher Not."

Der „Kiesweg" ist vermutlich der Geburtskanal. Der Knabe und das Mädchen sind das Kind, das Borgny erwartet.

Der Högni-Töter ist König Atli, also Oddruns Schwester.

Frigg und Freya und allgemein die Asen scheinen bei den Geburten geholfen zu haben.

I 29. d)   Jakob Grimm: Deutsche Mythologie

1.   Geburtshelferinnen

*Den Griechen förderten oder hemmten höhere göttliche wesen geburt, die Eileithy-
ien, botinnen der Here, woraus allmälich eine einzige Eileithyia, die römische Luci-
na, wurde. in unsrer edda ist Oddrûn, Atlis schwester, der entbindungen kundig, sie
reitet über feld zu der kreißenden, wirft den sattel vom rosse und schreitet in den saal,
kniet vor der jungfrau nieder und spricht ihren zauber. man sagte: kiosa mæðr frâ
mögum (exsolvere matres a pueris) und legte das amt den nornen zu.*

*Es muß dabei uralte lösende und hindernde noch heute beobachtete sympathetische
mittel gegeben haben; übereinanderschlagen der beine, falten der hände vor der
gebährenden hinderte, von einander lassen oder losmachen förderte, wahrscheinlich
half jenes rasche absatteln des rosses.*

Ovids metamorphosen:

> *dextroque a poplite laevum*
> *pressa genu, digitis inter se pectine junctis*
> *sustinuit nixus. tacita quoque carmina voce*
> *dixit, et inceptos tenuerunt carmina partus.*

> *divam residentem vidit in ara,*
> *brachiaque in genibus digitis connexa tenentem.*

> *exsiluit, junctasque manus pavefacta remisit*
> *diva potens uteri.*

> *Assidere gravidis, vel cum remedium alicui adhibeatur, digitis pectinatim
> inter se implexis veneficium est, idque compertum tradunt Alemena Herculem
> pariente. pejus si circa unum ambove genua; item poplites alternis genibus
> imponi. (Plinius); ferunt difficiles partus statim solvi, cum quis tectum, in quo
> sit gravida, transmiserit lapide vel missili ex his, qui tria animalia singulis
> ictibus interfecerint hominem, aprum, ursum. probabilius id facit hasta veli-
> taris, evulsa e corpore hominis, si terram non attigerit.*

*Die lettische Laima breitet den gebärenden das laken unter. die zlotababa schützt
geburten.*

> *Ἄρτεμις βολοσίη. (Procopopius) αι κυΐσκουσαι επικαλεῖσθε τὴν Ἄρτεμιν,
> αξιουσθαι συγγνώμης, ότι διεκορήθητε. Juno Lucina, fer opem, serva me*

obsecro!

swelh wîb diu driu liet hât,
sô sie ze keminâten gât,
in ir zeswen bevangen,
sie lîdet unlangen
kumber von dem sêre,
wand in unser frowen êre
gnist sie kindes gnaedeclîchen . . ,
swâ diu buochel driu sint behalten,
diu maget wil der walten,
daz da nehein kint
werde krumb noch blint.

I 29. e)   Zusammenfassung

Bei der Geburt sangen die Hebammen Zauberlieder, in denen wahrscheinlich die für die Geburt zuständigen Göttinnen Frigg und Freya sowie die ebenfalls verantwortlichen Nornen angerufen wurden.

Das Beschaffen von Holz vom Weltenbaum für die Geburt könnte in einem Zusammenhang mit dem hölzernen Gerüst stehen, auf dem die Seherinnen bei ihrer Schau saßen und auf dem auch die Zauberer und Zauberinnen bei ihrer Magie standen. Da die auch Geburt eine Überqueren der Grenze zwischen den beiden Welten ist, die auch die Seherinnen und Zauberer auf dem „Magie-Gerüst" bei ihrer Tätigkeit überqueren, wäre die Verwendung von Zweigen oder dem „Magie-Gerüst" auch bei Geburten durchaus plausibel.

Vielleicht ist auch die Rinde von einem Baum aus dem Paradies, das dem Zauberspruch in dem Abschnitt „I 16. n)" in diesem Buch zufolge für eine Heilung beschafft werden muß, mit dem Holz des Weltenbaums identisch, dessen Verbrennen die Geburten erleichterte.

I 30.   Tote wiederbeleben

Die Kunst, Tote wieder ins Leben zurückzuholen, ist vermutlich eine Umdeutung der Vorstellungen über die Wiederzeugung und der auf diese folgenden Wiedergeburt.

I 30. a)   Skaldskaparmal

Die Königstochter Hilde ist ursprünglich Freya gewesen und der endlose Kampf auf einer Insel, der vor allem ein Streit um Hilde-Freya ist, ist der endlose Streit zwischen Tyr und Loki, durch den die Jahreszeiten entstehen.

Das Wiederbeleben der Toten durch Hilde-Freya ist ursprünglich die Wiedergeburt durch diese Göttin im Jenseits gewesen. Der Wunsch, nach dem Tod durch den Gegner im Jenseits durch Freya wiedergeboren zu werden und dann Rache nehmen zu können, ist das eigentliche Motiv des Tyr und des Loki für ihr Verlangen nach Freya.

Ein König, Högni genannt, hatte eine Tochter mit Namen Hilde. Diese machte ein König namens Hedin, Hiarrandis Sohn, zur Kriegsgefangenen, während König Högni zur Königsversammlung geritten war.

Als er nun hörte, daß in seinem Reich geheert worden war und seine Tochter fortgeführt sei, ritt er mit seinem Gefolge, um Hedin aufzusuchen, und hörte, daß er nordwärts längs der Küste gesegelt sei. Als er aber nach Norwegen kam, vernahm er, daß sich Hedin westlich gewendet habe. Da segelte ihm Högni nach bis zu den Orkneys, und als er nach Hamey kam, lag Hedin mit seinem Heer davor.

Da ging Hilde, ihren Vater aufzusuchen, und bot ihm in Hedins Namen ein Halsband zum Vergleich; wenn er aber das nicht wolle, so sei Hedin zur Schlacht bereit und Högni hätte von ihm keine Schonung zu hoffen.

Högni antwortete seiner Tochter hart, und als sie Hedin traf, sagte sie ihm, daß Högni keinen Vergleich wolle, und bat ihn, sich zum Streit zu rüsten. Und so taten sie beide, gingen auf das Eiland und ordneten ihr Heer.

Da rief Hedin seinen Schwäher Högni an und bot ihm Vergleich und viel Gold zur Buße.

Högni antwortete: „Zu spät bietest Du mir das, wenn Du Dich vergleichen willst, denn nun habe ich mein Schwert Dainsleif gezogen, das von den Zwergen geschmiedet ist und eines Mannes Tod werden muß, so oft es entblößt wird, und dessen Hieb immer trifft und Wunden schlägt, die niemals heilen. "

Da sprach Hedin: „Du rühmst Dich des Schwertes, aber noch nicht des Sieges. Ich nenne jedes Schwert gut, das seinem Herrn getreu ist. "

Da begannen sie die Schlacht, die Hiadningawig („Kampf der Hedninge") genannt wird, und stritten den ganzen Tag und am Abend fuhren die Könige wieder zu den Schiffen.

In der Nacht aber ging Hilde zum Walplatz und weckte durch Zauberkunst die Toten alle, und den anderen Tag gingen die Könige zum Schlachtfelde und kämpften, und so auch alle, die tags zuvor gefallen waren.

Also währte der Streit fort einen Tag nach dem anderen, und alle die da fielen und alle Schwerter, die auf dem Walplatz lagen, und alle Schilde wurden zu Steinen.

Aber sobald es tagte, standen alle Toten wieder auf und kämpften und alle Waffen wurden wieder brauchbar.

Und in den Liedern heißt es, die Hiadninge würden so fortfahren bis zur Götterdämmerung.

I 30. b) Ragnarsdrapa

Die älteste bekannte Fassung dieser Mythe stammt aus dem um ungefähr 850 n.Chr. von Bragi dem Alten verfaßten Loblied auf Fürst Ragnar und den Bilder-Schild, den Ragnar dem Skalden Bragi geschenkt hat.

Und die Wunsch-Ran
der viel zu trockenen Adern,
beabsichtigte, den Bogen-Sturm
ihres Vaters zu verursachen.

„*Trockene Adern*" sind Adern, aus denen das Blut ausgelaufen ist, d.h. die Adern eines Toten. Die Riesin „*Ran*" ist die Göttin der Meeres-Unterwelt. Mit ihr ist hier allgemein eine Göttin, Riesin oder wichtige Frau gemeint. Eine „*Wunsch-Frau*", die zu Leichen gehört, wird eine Walküre sein.

Ein „*Bogen-Sturm*" ist ein „Pfeil-Hagel", d.h. eine Schlacht.

Da keine Väter der Walküren bekannt sind, muß „Walküre" hier eine Umschreibung für eine andere „Frau in Walküren-Funktion" sein. In der Saga von Hedin und Högni ist dies die Göttin Freya, die von Odin gezwungen eine endlose Schlacht zwischen den beiden Königen verursachte. In dieser Saga wird Freya als die Frau des Odin aufgefaßt.

Der Vater der Freya ist Njörd. Da eine Schlacht des Njörd nicht bekannt ist, muß die Kenning wohl anders gegliedert und gelesen werden: Der „*Sturm von Freyas Vater*" ist ein Sturm auf dem Meer, da Njörd der Gott des Meeres ist. Der „*Bogen-Sturm von Freyas Vater*" könnte somit eine Schlacht sein, die entweder auf dem Meer oder auf einer Insel stattfindet. Der Saga zufolge kämpfen Hedin und Högni aufgrund des Zaubers, den Freya auf sie gelegt hatte, zusammen mit ihren großen Heeren 143 Jahre lang auf der Insel Hoy, bis sie von König Olaf erlöst wurden.

Kenning-freie Übersetzung: *„Freya beabsichtigte, einen Kampf zu entfachen.*"

Da trug die Ring-schüttelnde Sif,
die Frau voller Bösem,
den Halsreif der Kriegs-Verheißung
zu den Kriegern der Rösser des guten Windes.

„Sif" ist hier eine Heiti für „Frau". Aufgrund des Zusammenhanges muß die *„Ring-schüttelnde Frau*" Freya sein. Warum sie *„Ringe schüttelt*", bleibt zunächst unklar.

Freya besitzt offenbar einen *„Halsreif*" („Torque", „Draupnir"), der Kriege verursacht, weshalb Freya in dieser Funktion hier *„böse*" genannt wird. Dieser Halsreif könnte Brisingamen sein – zumal zu Beginn der Saga beschrieben wird, wie Freya diese Halskette von vier Zwergen erhielt, wie Loki sie für Odin stahl und wie Odin der Freya ihre Kette Brinsingamen nur unter der Bedingung zurückgab, daß sie eine endlose Schlacht verursachen würde – eben die zwischen den Blutsbrüdern Hedin und Högni.

Man kann vermuten, daß auch das *„Schütteln der Ringe*" durch Freya kein gutes Zeichen ist. Vielleicht ist der Ring (Draupnir, Torque) als Symbol der bestandenen rituellen Jenseitsreise in dieser Saga bereits zu einem Symbol des nahenden Todes in der Hand einer Walküre geworden – ein Anblick des Schreckens für die Krieger auf dem Schlachtfeld.

Die Ringe und der Halsreif und somit auch Freyas Kette Brisingamen („strahlende Kette") könnten letztlich alle der Halsreif sein, der bei den westlichsten Indogermanen, also bei den Germanen, den Kelten und ansatzweise auch bei den Römern das Einweihungssymbol der Priester-Schamanen, Fürsten und Krieger gewesen ist. Aus ihm wurde dann in einer ersten Umdeutung ein Todessymbol und in einer zweiten Umwandlung ein Kriegs-Omen oder ein Kriegs-Verursacher.

Freya könnte das Urbild der Walküren gewesen sein: Freya ist eine Totengöttin und die Walküren die Todesverkünder; Freya besitzt ein Falkenhemd und die Walküren ein Schwanenhemd, was beides Symbole für die Verwandlung der Toten in Seelenvögel ist; und schließlich sind sowohl Freya als auch die Walküren die „Geliebten" der Toten (Zwerge = Totengeister) im Jenseits. Dieses letzte Motiv ist schon in der frühen Jungsteinzeit entstanden und ergänzte als „Wiederzeugung" zusammen mit dem „Wiederstillen" in den Mythen sehr vieler Völker die „Wiedergeburt" der Toten durch die Muttergöttin im Jenseits.

Die *„Rösser des guten Windes*" sind die Schiffe des Högni, auf denen er mit seinen Wikingern Hedin verfolgte.

Kenning-freie Übersetzung: „*Da trug Freya den Krieg zu Hedins Schiffen.*"

Die blutrünstige Wunden-Thrudr
bot dem Herrscher
die Halskette nicht um des Friedens willen an –
dieser Frauen-Halsschmuck ist eine tödliche Waffe.

„*Thrudr*" ist die Tochter des Thor und der Sif. Auch sie ist hier eine Heiti für „Göttin, Riesin, wichtige Frau". Eine „*Wunden-Frau*" ist eine Walküre bzw. in dieser Saga die Göttin Freya.

In dieser Strophe wird noch einmal deutlich, daß Freyas Halskette oder Halsreif Brisingamen auch als Kriegs-Verursacher aufgefaßt wurde.

Kenning-freie Übersetzung: „*Freya brachte Hedin nicht Frieden, sondern Kampf.*"

Sie schien stets den Kampf zu verhindern,
obwohl sie die Krieger
antrieb, den Todes-Pfad zu gehen
hin zu der grausigen Schwester des rasenden Wolfes.

In dieser Strophe werden Freyas Aspekte der Liebesgöttin und der Kriegsgöttin einander auf unschmeichelhafte Weise gegenübergestellt.

Diesen im Wesen aller Jenseitsgöttinnen enthaltene Gegensatz hielt das Bild der Göttin auf Dauer nicht aus und spaltete sich deshalb in die schöne (und eher harmlose) Freya und die gefürchtete Hel auf. Diese Entwicklung findet sich auch in den Mythen von vielen andern Völkern wie z.B. in Griechenland bei Aphrodite und Hekate, in Indien bei Lakshmi und Kali oder in Ägypten bei Hathor und Sachmet.

Der „*Todes-Pfad*" ist der Weg über die Gjallar-Brücke zur Hel.

Der „*rasende Wolf*" ist der Fenris-Wolf. Seine „*grausige Schwester*" ist die Riesin Hel.

Kenning-freie Übersetzung: „*Sie tat friedlich, doch sie war kampflüstern.*"

Der Fürst des Volkes, der Landes-Gott,
ließ den Wolf-beglückenden Kampf niemals enden
noch das Gemetzel auf dem Sand versiegen –
tödlicher Haß stieg in Högni auf, ...

Der „*Fürst des Volkes*", der auch „*Gott des Landes*" genannt wird (was seine Verantwortung für das Gedeihen des Landes zeigt), ist Högni.

Kenning-freie Übersetzung: „*Hedin und Högni ließen den haßerfüllten Kampf niemals enden.*"

... als die ernsten Herren des Schwertklanges
mit harten Waffen nach Hedin suchten
statt die Halsringe
der Hildr zu erhalten.

Die *„ernsten Herren des Schwertklanges"* sind Högni und seine Krieger.

„Hild" ist eine Kurzform für die Göttin Huldar – dies ist wieder eine Heiti für *„Göttin, Riesin, Frau"*, die sich wieder auf Freya bezieht. *„Die Halsringe der Hild"* sind das Brisingamen der Freya. Högni will nicht die Halsring-Todesomen der Freya erhalten, sondern stattdessen Hedin töten.

Kenning-freie Übersetzung: *„Högnis Krieger suchten nach Hedin. "*

Und diese schreckliche Zauberin,
diese Riesin der Brünnen des Odin,
verdarb die Früchte des Sieges
und ergriff die Herrschaft auf der Insel.

In dieser Strophe erscheint Freya ganz in ihrem furchterregenden Hel-Aspekt.

Eine *„Riesin der Brünne* (Brustpanzer)" ist eine beliebte Kenning für „Axt". Eine *„Axt des Odin"* ist normalerweise ein Krieger, aber hier wird wohl Freya gemeint sein, die der Saga zufolge wie die Walküren im Auftrag des Odin diese Schlacht in Gang setzte.

Freya *„verdarb die Früchte des Sieges"*, weil alle gefallenen Krieger der beiden Heere wieder erneut zum Leben erwachten und die Schlacht daher ewig dauerte.

Die *„Brünnen"* (Brustpanzer) sind die Krieger des Hedin und des Högni.

Die *„Herrschaft* (der Freya) *auf der Insel"* ist eine hier eine Kenning für den endlosen Kampf.

Kenning-freie Übersetzung: *„Freya ließ keinen der beiden gewinnen und herrschte auf der Insel des Kampfes. "*

Das ganze Kriegs-Heer des Königs
wurde hinter ihren festen Türen des Herjan
von Wut ergriffen und eilte schnell
von Reifnirs See-Roß-Flotte fort.

Der *„König"* ist Högni, der Hedin verfolgt.

Eine *„Tür"* ist ein Schild, da man sich hinter beidem schützt. Herjan ist der Vater des Högni.

„Reifnir" ist ein Seekönig. Ein *„See-Roß"* ist ein Schiff. Die Kenning *„Reifnirs See-Roß-Flotte"* ist eine dreifache Definition des *„Rosses"* als eines *„Fahrzeuges"* im

Wasser (Reifnir, See, Flotte) – nicht die kreativste aller von Bragi benutzen Kenningar …

Kenning-freie Übersetzung: *„Das Heer des Högni verfolgte Hedin."*

Auf dem schönen Schild des Svölnir
kann man den Angriff sehen;
Ragnar gab mir den Mond des Fahrzeugs des Rär,
auf das viele Geschichten gezeichnet sind.

„Svölnir" („Kühler") ist der Schild, der auf dem Wagen der Sonne vor der Sonnengöttin Sol steht, damit diese mit ihrem Feuer nicht die Erde verbrennt. Dieser Schild geht auf die ältere Vorstellung der Sonne als dem Schild eines Sonnengottes zurück, wie sie sich z.B. auf den Goldhörnern von Gallehus und auf den frühen Runensteinen findet. Schon in den frühgermanischen Steinritzungen in Skandinavien ist dieser Sonnenschild dargestellt worden. Die Germanen scheinen sich zu der Zeit von Bragi dem Alten noch an die Sonnenschild-Symbolik erinnert zu haben.

Da „Rär" ein Seekönig (König einer Insel) ist, ist sein „Fahrzeug" ein Schiff. Das „Mond-Schiff" ist wie in der End-Strophe des Völsungen-Teiles der Ragnarsdrapa wieder der Schild.

Kenning-freie Übersetzung: *„Dieser Angriff ist auf Ragnars bilderreichem Schild dargestellt, den er mir geschenkt hat."*

Kenning-freie Übersetzung des gesamten Liedes: *„Freya tat friedlich, doch sie war kampflüstern und beabsichtigte, einen Kampf zu entfachen und trug den Krieg zu Hedins Schiffen – sie brachte Hedin nicht Frieden, sondern Kampf. Das Heer des Högni verfolgte Hedin und Högnis Krieger suchten nach ihm. Freya ließ keinen der beiden gewinnen und herrschte auf der Insel des Kampfes, weshalb der haßerfüllte Kampf zwischen Hedin und Högni niemals endete. Dieser Angriff ist auf Ragnars bilderreichem Schild dargestellt, den er mir geschenkt hat."*

I 30. c)   Odins Runenlied: Tyr-Rune

Odin:
„Ein zwölftes kann ich, wenn am Zweige hängt
zitternd am Strick ein Toter,
ich ritze und färbe das Runenzeichen,
daß der Recke zu mir kommt und reden kann."

Man kann sich hier natürlich fragen, ob die germanischen Schamanen wirklich in der Lage waren, so wie Elias, Christus und einige indische Yogis Tote zum Leben zu erwecken – aber es scheint für die Germanen zumindest eine reale Möglichkeit gewesen sein, denn sonst hätte man nicht einer von nur insgesamt achtzehn Runen diese Bedeutung gegeben.

Es ist auch denkbar, daß es hier um eine Einweihung geht, da sich auch Odin „der am Galgen Hängende" u.ä. nennt, was auf seine Selbsteinweihung am Weltenbaum anspielt. Es bliebe allerdings die Frage offen, in welcher Weise dabei eine Rune hilfreich sein könnte.

Es könnte sich bei dieser Szene natürlich auch einfach um eine Totenbeschwörung, also um ein „Utiseta" handeln, bei der ein Toter ins Diesseits zurückkehrt und mit den Lebenden spricht.

I 30. d) Zusammenfassung

Die Wiederbelebung von Toten wird nur über Freya und Odin berichtet. Da sich diese beiden in den neueren Mythen die Toten teilen, kann man davon ausgehen, daß diese Wiederbelebungen von Toten auf die Wiedergeburt im Jenseits zurückgeht.

I 31. Zusammenfassung

Die Gesundheit war bei den Germanen der physische Aspekt des „richtigen Zustandes", der sich auch auf die Psyche (Glück) und auf den magisch-spirituellen Bereich (gute Omen) bezieht. Dieser Zustand wurde „heil" genannt. Beim Gruß wünschte man einander diesen „heilen Zustand": „Heil!"

Die Heiler und Heilerinnen sind ursprünglich Priester und Priesterinnen gewesen – möglicherweise mit einem speziellen Heilungs-Schwerpunkt in ihrer Tätigkeit. Mit dem Beginn der Christianisierung wurden sie entweder zum bloßen Heiler bzw. zur Heilerin oder, wenn sie ihrem alten Glauben treu blieben, zum Zauberer und zur Hexe – zumindestens aus christlicher Sicht …

Die Namen der Krankheiten sind in der Regel von ihren Symptomen abgeleitet worden. Die Entstehung von Krankheiten schrieb man zumindestens während des Übergangs zum Christentum zu einem großen Teil dem schädlichen Einfluß von Alfen, Zwergen, Trollen u.ä. zu. Es ist anzunehmen, daß diese ganzen Ahnengeister ursprünglich einmal hilfreiche Geister gewesen sind.

Im Zentrum dieser „bösen Geister" stand die Totengöttin Hel, da die Krankheit als „kleiner Tod" angesehen wurde. Als die Totengöttin allmählich von der Jenseits-Geliebten und Jenseits-Mutter zur Verursacherin des Todes umgedeutet wurde, ging man davon aus, daß sie nicht nur den Tod, sondern auch die Krankheiten sandte.

Zu einem deutlich geringeren Teil wurde auch der Tyr-Riese, also der ehemalige Sonnengott-Göttervater Tyr im Jenseits, der um 500 n.Chr. von Thor und Odin abgesetzt worden war, zu einem „Monster" im Jenseits bzw. auf der Jenseitsinsel umgedeutet (Grendel, Geirröd, Hrungnir usw.), weshalb man auch von ihm das Senden von Krankheiten erwarten konnte.

Schließlich konnten Krankheiten auch von Hexen und Zauberern verursacht werden, da es keinen prinzipiellen Unterschied zwischen der Magie der Lebenden und der Magie der Totengeister und Götter gab.

Geburten unterstützte man wie Heilungen insbesondere durch Zaubergesänge.

Es hat allerlei Omen und Orakel gegeben, mit deren Hilfe man zu erkennen versuchte, ob eine Krankheit zum Tod führen würde oder nicht.

Das wichtigste Urbild für die Heilung ist die Wiedergeburt der Sonne (Tyr) am Morgen gewesen. Daher waren die Erd- und Jenseitsgöttin als Mutter der Sonne sowie Tyr als der ehemalige Sonnengott-Göttervater die wichtigsten Helfer bei der Heilung. Eine ganze Reihe von Heilkräutern sind nach diesen beiden Gottheiten benannt worden. Auch die Zaubersprüche und die Heilungs-Geschichten beziehen sich vor allem auf die Göttin und seltener auf Tyr bzw. auf seinen Nachfolger Odin.

Die wichtigste Symbolik bei der Heilung ist entsprechend der Sonnen-Symbolik die Jenseitsreise gewesen – auch die Sonne reist nach ihrem abendlichen Tod durch die Unterwelt, um dann am Morgen wieder zurückzukehren.

Bei den Heilungen wurden Wundenreinigungen, Bäder, Kräuter, Zaubersprüche, Runen, Skulpturen des kranken Körperteils, Handauflegen und meist einfache Rituale verwendet. Die Zaubersprüche sind teilweise recht lang, lyrisch und eindrucksvoll und stammen vermutlich aus den früheren Tempel-Ritualen.

Die bisweilen genannten Heilsteine sind einzelne magische Steine, aber kein bestimmtes Mineral für eine bestimmte Krankheit. Diese Heilsteine werden aus dem Siegstein des Tyr und des Loki entstanden sein.

Manche Heilungen fanden an Hügelgräbern statt – dies wird in früherer Zeit wohl recht häufig gewesen sein, da dort der Ort war, an dem man am einfachsten den Kontakt zu den helfenden Ahnen herstellten konnte.

Die Heilungen waren oft symbolische Wiederherstellungen des „richtigen Zustandes" oder die Vertreibungen der Geister, die den „falschen Zustand" verursacht haben. Bei diesen Vertreibungen wurden die Krankheit bzw. die Krankheitsgeister manchmal auch auf Tiere übertragen.

Ein wesentliches Prinzip in der Heilung bei den Germanen war „Gleiches heilt Gleiches", was ein Spezialfall des Sympathiemagie-Grundsatzes „Gleiches wirkt auf Gleiches" ist.

Die Heilung wurde daher auch „liknar-galdr" genannt, was man als „Analogie-Kultgesang" übersetzen könnte: Durch den magisch wirksamen Zaubergesang wird ein Wesen o.ä. herbeigerufen, das der Krankheit entspricht und sie heilen kann. Dieses Verfahren ist auch eine der Wurzeln der Homöopathie.

Es gab auch die Heilung durch Handauflegen durch Menschen mit „heilenden Händen".

Es wurden auch Zaubersprüche für die Heilung von Tieren und für die Erde benutzt – zwischen der Heilung von Menschen, Tieren und Pflanzen wurde offenbar nicht unterschieden, denn das Vorgehen ist in allen Fällen sehr ähnlich.

Es scheint vereinzelt spezielle Pflege-Häuser für Kranke gegeben zu haben.

II   Heilung bei den Indogermanen

II 1.   West-Indogermanen

II 1. a)   Kelten

Bei den Kelten findet sich das Motiv des Kessels, mit dessen Hilfe Tote wieder ins Leben zurückgeholt werden können. Am deutlichsten wird diese Geschichte in der Branwen-Mythe berichtet.

Auch der Sonnengott-Göttervater Dagda, der die keltische Entsprechung zu Tyr ist, besitzt einen Wunderkessel, der allerdings endlos Speisen schenkt. Dieser Kessel wird jedoch mit dem Wiedergeburtskessel identisch sein, da dieser Kessel ursprünglich der Opferkessel gewesen sein wird und das Opfertier nicht nur dem Toten im Jenseits zu seiner Wiedergeburt verhalf, sondern das Opferfleisch auch gegessen wurde. Die Kombination dieser beiden Motive findet sich auch bei den Germanen.

II 1. b)   Germanen

Die Germanen benutzten bei der Heilung vor allem Zaubergesänge, Analogie-Magie und Kräuter.

II 2.   Süd-Indogermanen

II 2. a)   Hethiter

Von den Hethitern ist das Austreiben von Geister, das „Besprechen" von Krankheiten, Jenseitsreisen, Analogiezauber und „Wodoo-Puppen" bekannt.

II 3.   Ost-Indogermanen

II 3. a)   Inder

Im Atharva-Veda findet sich ein Zauberspruch, der dem zweiten Merseburger Zauberspruch der Germanen gleicht, der bereits in dem Abschnitt „I 16. b" in diesem Buch dargestellt worden ist.

Atharva-Veda 4,12:

*Eine Wachsenlassende bist Du als Rote, die Zusammenwachsenlassende des
  gespaltenen Knochens, laß auch dies hier zusammenwachsen, o Arundhati!*
*Was Dir versehrter Knochen oder Fleisch ist an Deinem Selbst, das soll der Gott
  Dhatr, der Zusammensetzer, heilbringend wieder zusammensetzen, mit dem Gelenk
  das Gelenk.*
*Zusammen werde Dir Mark mit Mark, und zusammen Dir mit Gelenk das Gelenk,
  zusammen wachse Dir das Auseinandergefallene des Fleisches, zusammen wachse
  der Knochen zu!*
*Mark werde mit Mark zusammengefügt, mit Fell wachse Fell zusammen, Blut und
  Knochen wachse Dir, Fleisch wachse mit Fleisch zusammen!*
*Haar füge er zusammen mit Haar, mit Haut füge er zusammen Haut, Blut und
  Knochen wachse Dir, das Zerspaltene mache zusammen, o Pflanze!*
*So steh auf, geh los, laufe fort wie ein Streitwagen mit guten Rädern, mit guten
  Radschienen, mit guten Naben, nimm aufrecht festen Stand ein!*
*Ob er es sich durch den Sturz in eine Grube gebrochen hat, oder ob ein
  geschleuderter Stein es ihm zerschmettert hat, wie Ribhu die Teile des Streitwagens,
  so soll er zusammensetzen mit dem Glied das Glied.*

Zum Vergleich folgt hier noch einmal der zweite Merseburger Zauberspruch:

Merseburger Zauberspruch 2:

Phol und Wodan begaben sich in den Wald.
Da wurde der Fuß des Fohlens des Baldur verrenkt:
Da besprach ihn Sinthgunt, die Schwester der Sunna,
Da besprach ihn Frija, die Schwester der Volla.
Da besprach ihn Wodan, wie er es wohl konnte.
So Beinrenkung, so Blutrenkung,
so Gliedrenkung:
Bein zu Bein, Blut zu Blut,
Glied zu Glied, wie wenn sie geleimt wären.

Rig-Veda 10, 158:
Dieser Zauberspruch ist ein sehr universeller Heilungs-Zauber …

Von Deinen beiden Nasenlöchern, von Deinen Augen, von Deinen beiden Ohren und
von Deinem Kinn, von Deinem Kopf und Gehirn und Zunge treibe ich die Krankheit
hinfort!
Von Deinen Nacken-Sehnen und Deinem Nacken, von Deinen Brustknochen und von
Deinem Rückgrat, von Schultern, Oberarmen und Unterarmen treibe ich die
Krankheit hinfort!
Von Deinen Eingeweiden und allem Innerem, heraus aus Deinem Anus, aus dem
Herzen, aus den Nieren, aus der Leber, aus der Milz treibe ich die Krankheit
hinfort!
Von den Oberschenkeln, von den Kniescheiben, von den Fersen, von dem vorderen
Teil des Fußes, von den Hüften, von dem Magen und von den Lenden treibe ich die
Krankheit hinfort!
Von dem, was von innen her geleert worden ist und von Deinen Haaren, von Deinen
Nägeln, von allem an Dir von dem Scheitel bis zu den Zehen treibe ich die
Krankheit hinfort!
Von jedem Glied, jedem Haar, von jedem Gelenk, das von einer Krankheit befallen
worden ist, von allem, was Du bist, vom Scheitel bis zu den Zehen treibe ich die
Krankheit hinfort!

Das indische Ayur-Veda scheint eine neuere Entwicklung zu sein – zumindestens lassen sich die Prinzipien dieser indischen Heilkunst im Rig-Veda noch nicht nach-weisen.

Rig-Veda 10, 53:
Dein Geist, der weit fortging, zu Yama, zu Vivasvans Sohn –
ihn rufen wir hier zu Dir, damit Du wieder leben und hier wandeln kannst!

Dies ist ein Spruch, um einen Bewußtlosen zu wecken oder um einen Toten ins Leben zurückzuholen.

Rig-Veda 10, 97:
Auch im Rig-Veda kommen die Heilpflanzen vom Himmel und auch hier ist der Weltenbaum der Weg zwischen Himmel und Erde, d.h. zwischen Diesseits und Jenseits.

Als sie vom Himmel herabkamen, sprachen die Pflanzen:
„Der, den wir beide berühren, wird niemals eine tödliche Wunde erleiden. "

II 3. b)   Perser

Zend Avesta, Fargard 7, 7:

Ahura Mazda: *„ Wenn mehrere Heiler ihrer Hilfe anbieten, O Spitama Zarathustra, wenn es einer ist, der mit dem Messer heilt, einer, der mit Kräutern heilt, und einer, der mit dem Heiligen Wort heilt, dann ist es dieser, der am besten die Krankheiten aus dem Leib des Kranken vertreiben wird. "*

Diese hohe Wertschätzung der Wort-Magie und insbesondere der alten, überlieferten Zaubersprüche, die einst Teil des Kult-Rituals gewesen sind, findet sich auch bei den Germanen.

Diese Haltung ist jedoch keine Hinweis auf einen gemeinsame Wurzel der germanischen und der persischen Heilungstraditionen, da sie sich bei fast allen nicht-indogermanischen Völkern nachweisen läßt.

Zend Avesta, Fargard 10:

Hier findet sich eine Heilung, die dem 158 Lied im 10 Gesang des indischen Rig-Veda ähnlich ist. Dieser Zaubergesang aus dem persischen Zend Avesta stammt aus den Gathas, die der älteste Teil des Zend Avesta sind. Er ist technisch gesehen eine Bannung der Krankheitsgeister.

Zarathustra frug Ahura Mazda (Oberster Gott): *„ O Ahura Mazda, allerwohltätigster Geist, Schöpfer der materiellen Welt, Du Heiliger! Wie soll ich gegen den Drug* (Dämon) *kämpfen, der von den Toten her zu den Lebenden eilt? Wie soll ich gegen den Drug kämpfen, der von den Toten her die Lebenden besudelt? "*
Ahura Mazda antwortete:
„ Sprich laut die Worte aus den Gathas, die zweimal gesprochen werden sollen;
sprich laut die Worte aus den Gathas, die dreimal gesprochen werden sollen;
sprich laut die Worte aus den Gathas, die viermal gesprochen werden sollen. "
„ O Schöpfer der materiellen Welt, Du Heiliger! Welches sind die Worte in den Gathas, die zweimal gesprochen werden sollen? "
Ahura Mazda antwortete: „Dies sind die Worte aus den Gathas, die zweimal gesprochen werden sollen – und Du sollst sie zweimal laut sprechen:

(Es folgt eine Liste von zehn Textstellen.)

Und wenn Du diese Worte zweimal gesprochen hast, dann sollst Du diese Dämonen-vernichtenden und allerheilsamsten Worte sprechen:
'Ich vertreibe Angra Mainyu aus diesem Haus, aus diesem Dorf, aus dieser Stadt, aus diesem Land; ja, aus dem Leib des Mannes, der von den Toten besudelt worden ist; ja, aus dem Leib der Frau, der von den Toten besudelt worden ist; von dem Herrn des Hauses, von dem Herrn des Dorfes, von dem Herrn des Landes, aus der gesamten Heiligen Welt.

Ich vertreibe die Nasu, ich vertreibe die Beschmutzung, ich vertreibe die indirekte Beschmutzung aus diesem Haus, aus diesem Dorf, aus dieser Stadt, aus diesem Land; ja, aus dem Leib des Mannes, der von den Toten besudelt worden ist; ja, aus dem Leib der Frau, der von den Toten besudelt worden ist; von dem Herrn des Hauses, von dem Herrn des Dorfes, von dem Herrn des Landes, aus der gesamten Heiligen Welt.'"

„O Schöpfer der materiellen Welt, Du Heiliger! Welches sind die Worte in den Gathas, die dreimal gesprochen werden sollen?"
Ahura Mazda antwortete: „Dies sind die Worte aus den Gathas, die dreimal gesprochen werden sollen – und Du sollst sie dreimal laut sprechen:

(Es folgt eine Liste von vier Textstellen.)

Und wenn Du diese Worte dreimal gesprochen hast, dann sollst Du diese Dämonen-vernichtenden und allerheilsamsten Worte sprechen:
'Ich vertreibe Indra, ich vertreibe Sauru, ich vertreibe Naunghaithya aus diesem Haus, aus diesem Dorf, aus dieser Stadt, aus diesem Land; ja, aus dem Leib des Mannes, der von den Toten besudelt worden ist; ja, aus dem Leib der Frau, der von den Toten besudelt worden ist; von dem Herrn des Hauses, von dem Herrn des Dorfes, von dem Herrn des Landes, aus der gesamten Heiligen Welt.

Ich vertreibe Tauru, ich vertreibe Zairi aus diesem Haus, aus diesem Dorf, aus dieser Stadt, aus diesem Land; ja, aus dem Leib des Mannes, der von den Toten besudelt worden ist; ja, aus dem Leib der Frau, der von den Toten besudelt worden ist; von dem Herrn des Hauses, von dem Herrn des Dorfes, von dem Herrn des Landes, aus der gesamten Heiligen Welt.'"

„O Schöpfer der materiellen Welt, Du Heiliger! Welches sind die Worte in den Gathas, die viermal gesprochen werden sollen?"
Ahura Mazda antwortete: „Dies sind die Worte aus den Gathas, die viermal gesprochen werden sollen – und Du sollst sie viermal laut sprechen:

(Es folgt eine Liste von drei Textstellen.)

Und wenn Du diese Worte viermal gesprochen hast, dann sollst Du diese Dämonen-vernichtenden und allerheilsamsten Worte sprechen:
'Ich vertreibe Aeshma, den Dämon mit dem verwundenden Speer, ich vertreibe den Dämon Akatasha, aus diesem Haus, aus diesem Dorf, aus dieser Stadt, aus diesem Land; ja, aus dem Leib des Mannes, der von den Toten besudelt worden ist; ja, aus dem Leib der Frau, der von den Toten besudelt worden ist; von dem Herrn des Hauses, von dem Herrn des Dorfes, von dem Herrn des Landes, aus der gesamten Heiligen Welt.

Ich vertreibe die Varenya-Dämonen, ich vertreibe die Wind-Dämonen, aus diesem Dorf, aus dieser Stadt, aus diesem Land; ja, aus dem Leib des Mannes, der von den Toten besudelt worden ist; ja, aus dem Leib der Frau, der von den Toten besudelt worden ist; von dem Herrn des Hauses, von dem Herrn des Dorfes, von dem Herrn des Landes, aus der gesamten Heiligen Welt.'

Dies sind die Worte der Gathas, die zweimal gesprochen werden sollen; dies sind die Worte der Gathas, die dreimal gesprochen werden sollen; dies sind die Worte der Gathas, die viermal gesprochen werden sollen.

Dies sind die Worte, die Angra Mainyu niederwerfen; dies sind die Worte, die Aeshma niederwerfen, den Dämon mit dem verwundenden Speer niederwerfen; dies sind die Worte, die die Mazainya-Dämonen niederwerfen; dies sind die Worte, die alle Dämonen niederwerfen.

Dies sind die Worte, die gegen den Drug schützen, gegen den Nasu, der von den Toten zu den Lebenden eilt, der von den Toten her die Lebenden besudelt.

Deshalb sollst Du, o Zarathustra, in dem Boden neun Löcher graben, wo am wenigsten Wasser ist und wo am wenigsten Bäume sind; wo nichts ist, das Nahrung für Tier oder Mensch sein könnte, denn Reinheit ist für den Menschen, gleich nach dem Leben, das höchste Gut – die Reinheit, die durch das Gesetz des Mazda für den entsteht, der sich selber durch gute Gedanken, Worte und Taten reinigt.

Reinige Dich selber, o rechtschaffender Mann! Jeder in dieser Welt hier unten kann Reinheit erlangen, wenn er sich durch gute Gedanken, Worte und Taten reinigt."
„Der Wille des Herrn ist das Gesetz der Heiligkeit ... (eine längere Standard-Formel)
Wen hast Du mich zu beschützen bestimmt, o Mazda, während der Haß des Feindes mich zu ergreifen versucht? ... (eine längere Standard-Formel)
Wer ist der, der den Feind niederwerfen wird, um die Richtigkeit aufrechtzuerhalten? ... (eine längere Standard-Formel)
Bewahre uns vor dem, der uns haßt, o Mazda und Armati Spenta! Vergehe, o feindlicher Dämon! ... Stirb in den Gefilden des Nordens, damit Du niemals mehr dem Tod die lebende Welt des Heiligen Geistes geben kannst!"

In diesem Text gibt es einige interessante Stellen:

Die Wind-Dämonen sind vermutlich die Geister der Toten. Auch bei den Germanen wurde das Leben mit dem Atem und der Atem mit dem Wind assoziiert, sodaß auch die Seele als „Wind" bezeichnet werden konnte. Auch in der Bibel hat das Wort „ruach" diese beiden Bedeutungen (Genesis: „Und der Geist/Wind Gottes schwebte über den Wassern").

Der Speer-Dämon ist vermutlich ein Krankheits-Geist. Auch bei den Germanen verursachen die Geister, Zwerge, Alfen, Trolle usw. einige Krankheiten durch Speere bzw. Pfeile – durch den „Hexenschuß".

Die „neun Löcher", die bei der Heilungszeremonie gegraben werden sollen, entsprechen den neun Stäben, die Thrond von Gate in der nach ihm benannten Saga aufstellt, um einen Toten zu beschwören (siehe „Utiseta" in Band 50). Die „9" ist in der späten Altsteinzeit das Symbol des Jenseits gewesen und hat sich in vielen Kulturen mit dieser Symbolik erhalten können (siehe „9" in Band 47).

Der Norden ist in den Mythen der Indogermanen der Ort des Jenseits, da der Weltenbaum, der der Jenseitsweg ist, am Nordpol steht – direkt unter dem Polarstern (sonst würde die Krone des Weltenbaumes am Himmel entlangschaben, weil der Sternenhimmel sich dreht …).

Die Gliederung der Tätigkeiten des Menschen in „Gedanken, Worte und Taten" ist weit verbreitet. Sie findet sich unter anderem in dem „Lied der Schönheit" der Navaho-Indianer und teilweise auch in den Vorstellungen der alten Ägypter, die den Ursprung jeder Tat in einer Regung im Herzen („Sa") sahen, die dann zu einem Wort im Mund („Hu") wurde. Bei den Germanen findet sich jedoch nur noch das Herz als die Quelle jeglicher menschlicher Aktivität.

Zend Avesta, Fargard 11:

In diesem Text wird ausführlich beschrieben, wie man ein Haus, ein Feuer, das Wasser, die Erde, eine Kuh, einen Baum, einen Menschen usw. reinigen soll. Dies geschieht durch die „reinigenden Worte".

Diese Reinheit, die auch bei den indischen Brahmanen eine große Rolle spielt, ist auch die Grundlage der Gesundheit. Diese Reinheit ist der Einklang mit der Richtigkeit, d.h. mit dem Wesen der Dinge. Ursprünglich ist dies der Einklang mit der eigenen Seele gewesen, später in den monotheistischen Religionen im Königtum war dies dann der Einklang mit einem universellen, Gott-Geschaffenen Gesetz.

Diese Richtigkeit/Schönheit ist die zentrale Qualität in den magisch-mythologischen Kulturen vor allem der Jungsteinzeit und des frühen Königtums. Sie hieß bei den Germanen „Heil", bei den Kelten „Fhirinne", bei den Indern „Rita" und „Dharma", bei den Persern „Asha", bei den Ägyptern „Ma'at", bei den Sumerern „Me", bei den Tibetern „Tashi", bei den Navahos „Ho'zhong" usw. Die Essenz dieses

Einklanges eines Menschen mit der Welt ist die eigene Seele – sie ist sozusagen die Quelle der eigenen Richtigkeit und Schönheit.

Die Sumerer hatten ein Sprichwort, das diesen Zusammenhang anschaulich beschreibt: *„Ohne das eigene Me (Seele, Richtigkeit) gelingt einem nichts – mit dem eigenen Me gelingt einem alles. "*

Zend Avesta, Fargard 12:

Die Reinigung ist bei dem Kontakt mit dem Tod am wichtigsten, da die Krankheit sozusagen ein „kleiner Tod" ist und man davon ausging, daß auch die Krankheiten aus dem Jenseits zu den Menschen kamen. Diese Vorstellungen findet sich auch bei den Germanen, aber auch bei anderen, nicht-indogermanischen Völkern.

„Wenn der Vater oder die Mutter eines Menschen stirbt, wie lange sollen sie (in Abgeschiedenheit) *bleiben – der Sohn für den Vater, die Tochter für die Mutter? Wie lange für den Rechtschaffenen? Wie lange für den Sünder? "*

Ahura Mazda antwortete: „Sie sollen dreißig Tage für den Rechtschaffenen (alleine) *bleiben, sechzig Tage für den Sünder. "*

„O Schöpfer der materiellen Welt, o Du Heilgier! Wie soll ich das Haus reinigen? Wie kann es wieder rein werden? "

Ahura Mazda antwortete: „Sie sollen ihren Leib dreimal waschen, sie sollen ihre Kleider dreimal waschen, sie sollen dreimal die Gathas singen; sie sollen meinem Feuer ein Opfer bringen, sie sollen ein Bündel Baresma-Zweige opfern, sie sollen gutes Wasser opfern; dann wird das Haus rein sein, dann kann das Wasser eintreten, dann kann das Feuer eintreten, und dann kann Amesha-Spenta eintreten, o Spitama Zarathustra! "

Zend Avesta, Fargard 19:

In diesem Text wird beschrieben, wie Zarathustra von Ahura Mazda die Anleitungen zum Rein-sein und Reinigen erhält. Dabei muß er gegen den Ober-Dämon Angra Mainyu kämpfen, was ihm auch gelingt, sodaß dieser machtlos wird. Dieser Kampf des Zarathustra gegen Angra Mainyu ist in gewisser Weise das Urbild für jeden Kampf gegen einen Krankheits-Dämon.

Bei diesem Kampf gegen die „bösen Geister" ruft Zarathustra eine ganze Reihe von „guten Geistern" an, damit ihm diese helfen, sodaß sozusagen eine Geister-Schlacht entsteht.

Zend Avesta, Fargard 20:

Thrita war der erste, der den Tod und die Krankheit vertrieben hat, nachdem ihm Ahura Mazda 99.999 Heilpflanzen vom Himmel herabgebracht hatte, die zwischen den Wurzeln des Weltenbaumes gewachsen waren. Dieser Baum ist der „Baum des ewigen Lebens".

Der persische Weltenbaum wurde auch „Gaokerena", d.h. als „Stier-Horn" genannt. Der zweite Name dieses Baumes, der „Weißer Hom" lautet, bedeutet „Weißer Haoma-Trank". Das persische Haoma ist mit dem indischen Soma, dem griechischen Nektar Ambrosia und dem germanisch-keltischen Met identisch. Die Kombination der beiden persischen Namen des Weltenbaumes („weißer Haoma" und „Stierhorn") ergibt das Bild eines Ritualtrankes in einem Trinkhorn. Da beide Namen auch die Bezeichnung für den Lebensbaum sind, findet sich hier wie bei den Germanen der Göttertrank im Trinkhorn am Weltenbaum. Auch die Farbe „weiß" ist bei den Germanen in dem weißen Stamm des Yggdrasil und in dem Namen „Hvitings" („Weiße") der Trinkhörner der beiden Alcis-Söne des Tyr wiederzufinden – ob diese Farbe jedoch einen gemeinsamen Ursprung hat, ist fraglich, da es in den Mythen fast aller Völker viele „weiße Dinge" gibt.

Dieser leuchtende Weltenbaum entspricht dem goldenen „Glasir" („Glänzender", „Leuchtender") der Germanen.

Der Weltenbaum als Quelle der Heilung findet sich bei den Germanen u.a. als das Loch im Baum wieder, durch das die kranken Kinder gereicht werden.

Letztlich ist der Weltenbaum als die Verbindung zwischen Diesseits und Jenseits auch die „Nabelschnur", die die Menschen mit der Muttergöttin verbindet. Nach dieser „Verbindung" wurden die germanischen Götter auch als „Bönd", d.h. „Band, Verbindung, Halt" bezeichnet. Dies ist generell die Aufgabe der Religion – „Religion" bedeutet wörtlich „Rückverbindung" im Sinne von „Rückhalt".

Dieser Rückhalt ist wiederum der Einklang des Menschen mit der Welt, also das Befolgen der Stimme im eigenen Herzen, die Treue zu der eigenen Seele. Diese Haltung führt zu einem Ruhen in der „Richtigkeit", die wiederum die „Schönheit" entstehen läßt. Aus dieser spirituell-magischen und sehr persönlichen Verhaltens-Richtlinie ist dann in den monotheistischen Religionen mit ihren allgemeingültigen Regeln die Aufrechterhaltung der Reinheit geworden.

Thrita, der die zentrale Gestalt dieses Textes aus dem Zend-Avesta ist, ist ein Haoma-Priester gewesen, also ein Priester, der den Ritual-Trank hergestellt und ihn im Ritual verteilt hat. Dieser Trank hieß bei den Germanen und Kelten „Met", bei den Griechen „Nektar ambrosia" und bei den Indern „Soma amrita". Die beiden Namens-ergänzungen „ambrosia" und „amrita" bedeuten beide „unsterblich machend".

Dieser Ritual-Trank, der die Symbolik der erfolgreichen Wiedergeburt übernommen hat, ist ursprünglich die Milch der Jenseitsgöttin gewesen, mit der sie den Wiederge-borenen stillt – wie dies u.a. von den Ägyptern mehrfach dargestellt worden ist.

Die Priester dieses Ritualtrankes werden ursprünglich Schamanen gewesen sein, da sie eng mit dem Tod und der Wiedergeburt verbunden gewesen sind. Als Schamanen und Ritualtrank-Priester sind sie nicht nur für den Tod bzw. für die Toten zuständig gewesen, sondern auch für die „kleinen Tode", also für die Krankheiten. Der Haoma-Priester ist bei den Persern folglich auch der Heiler – und Thrita als der erste Haoma-Priester ist auch das Urbild des Heilers.

Die beste Annäherung an den persischen Thrita, die sich bei den Germanen findet, ist Kwasir, der personifizierte Göttermet. In den Mythen über ihn fehlt allerdings das Motiv der Heilung.

Insgesamt läßt sich feststellen, daß bei den Germanen der spirituelle Unterbau der Heilungen weitgehend verlorengegangen ist. Vermutlich ist dies während der Völkerwanderungszeit geschehen, in der Odin den ehemaligen Göttervater Tyr abgesetzt hat, denn zu dieser Zeit (also um ca. 500 n.Chr.) enden auch die Hinweise auf Meditationen, Kundalini-Yoga und ähnliche Dinge. Bei den Kelten, die die Nachbarn und nahen Verwandten der Germanen sind, haben sich diese Dinge wie das Fhirinne-Konzept („Richtigkeit"), die Kundalini-Erweckung (z.B. bei Cú Chulainn) oder der Heilgott („Grannus", „Borvus", „Belenus" u.a.) länger halten können.

Der persische Haoma-Priester Thrita ist mit dem indischen Thraetaona aus dem Rig-Veda identisch, d.h. er stammt noch aus der Zeit vor der Trennung der Indo-Perser in zwei Völker (um ca. 2000 v.Chr.). Sein Name bedeutet „Dreifacher" und entspricht dem Odin-Titel „Thridi". Da die „3" bei den Indogermanen die Zahl des Sonnenzyklus ist, wird Thrita-Thridi-Thraetaona ursprünglich der indogermanische Sonnengott-Göttervater Dhyaus gewesen sein, aus dem bei den Germanen der Gott Tyr geworden ist, muß „Thirdi" einst ein Beiname des Tyr gewesen sein.

Da der Sonnengott jeden Abend stirbt und jeden Morgen wiedergeboren wird, war er auch das Urbild für die Rückkehr aus dem „kleinen Tod", also für das Genesen von einer Krankheit. Daher sind der persische „Ex-Sonnengott" Thrita, der keltische Sonnengott Belenus und der griechische Sonnengott Apollo auch Heilungsgötter. Aus dem germanischen Tyr ist um 1000 n.Chr. bereits ein Bringer der Krankheiten geworden …

Da sich der Tyr-Riese als Krankheits-Bringer am ehesten durch eine Umdeutung des vermuteten Heiler-Aspektes des Tyr während seiner Absetzung als nordgermanischer Göttervater durch Thor und Odin erklären läßt, läßt sich zwar nicht vpllommen sicher sagen, daß Tyr vor 500 n.Chr. auch ein Heiler-Gott gewesen ist, aber es ist zumindestens gut denkbar – zumal auch der keltische Belenus, der persische Thrita und der indische Thraetaona, die alle Aspekte des indogermanischen Sonnengott-Göttervaters Dhyaus sind, einen Heiler-Aspekt haben.

Thrita ist auch der „Sohn des Wassers", d.h. die aus den Jenseitswassern zurückgekehrte Sonne. Auch Tyr kehrt am Morgen aus den Wassern der Unterwelt zurück.

Thrita ist weiterhin der Held, der den Drachen tötet – das ist eine Umdeutung der abendlichen Verwandlung des Thrita-Thridi-Thraetaona in den Sonnendrachen, also in die Sonne als Schlange/Drache in ihrem Hügelgrab bzw. in der Unterwelt. In einer weiteren Stufe wurde der Drache und die Schlange als Jenseitswesen auch zu dem Krankheitsbringer – dieses Motiv erscheint z.B. in der Gesta danorum in der Gestalt der Schlangen, die Odin aus dem Leib des kranken Siward vertreibt (siehe Abschnitt „I 24. d)" in diesem Buch).

Auch im Rig-Veda kommen die Heilpflanzen vom Himmel. So heißt es im Rig-Veda 10, 97: *„Als sie vom Himmel herabkamen, sprachen die Pflanzen: 'Der, den wir beide berühren, wird niemals eine tödliche Wunde erleiden.'"* Auch hier ist der Weltenbaum der Weg zwischen Himmel und Erde, d.h. zwischen Diesseits und Jenseits.

Zarathustra frug Ahura Mazda: „Ahura Mazda, allerwohltätigster Geist, Schöpfer der materiellen Welt, Du Heiliger! Wer ist es gewesen, der als Erster all der heilenden, weisen, glücklichen, wohlhabenden, ruhmreichen, starken Männer vergangener Tage den Tod zum Tod zurückgetrieben hat und als Erster die Spitze des Dolches und das Feuer des Fiebers von den Leibern der Sterblichen abgewendet hat?"

Ahura Mazda antwortete: „Thrita ist es gewesen, der als Erster all der heilenden, weisen, glücklichen, wohlhabenden, ruhmreichen, starken Männer vergangener Tage den Tod zum Tod zurückgetrieben hat und als Erster die Spitze des Dolches und das Feuer des Fiebers von den Leibern der Sterblichen abgewendet hat.

Er frug nach einer Quelle für Heilmittel; er erhielt sie von Kshasthra-Vairya (er gab den Heilern den Dolch), *um den Krankheiten zu widerstehen und um dem Tod zu widerstehen, um dem Schmerz und dem Fieber zu widerstehen, um der Krankheit, der Fäulnis und der Ansteckung zu widerstehen, die Angra Mainyu durch Zauberkünste erschaffen gegen die Leiber der Sterblichen erschaffen hat.*

Und ich, Ahura Mazda, brachte die Heilpflanzen herab, die zu Hunderten, zu Tausenden, zu Zehntausenden überall rings um den Gaokerena wachsen."

(Zarathustra:) *„All diese Heilung rufen wir durch unsere Segenssprüche, durch unsere Gebete, durch unsere Lobpreisungen in die Leiber der Sterblichen herab.*

Zu Dir, o Krankheit, sage ich: Weiche!
Zu Dir, o Tod, sage ich: Weiche!
Zu Dir, o Schmerz, sage ich: Weiche!
Zu Dir, o Fieber, sage ich: Weiche!
Zu Dir, o Leiden, sage ich: Weiche!
Durch ihre Macht (die der Gebete usw.) *werfen wir den Drug nieder!*
Durch ihre Macht werfen wir den Drug nieder!
Mögen sie uns Kraft und Stärke geben, o Ahura!
Ich vertreibe die Leiden, ich vertreibe den Tod, ich vertreibe Schmerz und Fieber, ich vertreibe die Krankheit, die Fäulnis, die Ansteckung, die Angra Mainyu durch

Zauberkünste gegen die Leiber der Sterblichen erschaffen hat.

Ich vertreibe alle Arten von Krankheiten und Toden, all die Yatus und Pairikas und all die hinterhältigen Gainis.

Möge der vielgerufene Airyaman hierher kommen; komm hierher, um die Männer und Frauen des Zarathustra zu erfreuen, um die Getreuen zu erfreuen; mit dem ersehnten Lohn, der durch die Hilfe des Gesetzes erworben wird, und mit der Gabe der Heiligkeit, die von Ahura versprochen worden ist!

Möge der vielgerufene Airyaman alle Arten von Krankheiten und Toden, all die Yatus und Pairikas und all die hinterhältigen Gainis niederwerfen!

Yatha ahu vairyo – der Wille des Herrn ist das Gesetz der Heiligkeit; die Reichtümer des Vohu-mano sollen dem gegeben werden, der in dieser Welt für Mazda wirkt gemäß dem Willen des Ahura die Macht besitzt, die er ihm gegeben hat, um den Armen zu helfen.

Kem na mazda – wen hast Du eingesetzt, um mich zu beschützen, o Mazda, wenn der Haß des Feindes mich ergreifen will? Wen anderes als Atar und Vohu-mano, durch deren Werk die Welt weitergeht? Enthülle mir die Regeln Deines Gesetzes!

Ke verethrem ga – wer wird den Feind niederwerfen, um die Richtigkeit aufrechtzuerhalten? Lehre mich klar die Gesetze dieser Welt und der nächsten (Jenseits), damit Sraosha zusammen mit Vohu-mano kommt und allen hilft, wenn es Dir gefällt.

Beschütze uns vor dem, der uns haßt, o Mazda und Armati Spenta!

Verderbe, o feindseliger Drug!

Verderbe, o Brut der Dämonen!

Verderbe, o Welt der Dämonen!

Verderbe, o Drug (Herr der Dämon)*!*

Verderben sollen die Gefilde des Nordens (Jenseits, Dämonen-Reich) *und niemals mehr dem Tod die lebende Welt des Heiligen Geistes geben!"*

Zend Avesta:

Die Seele („Fravashi") des Thraetaona wird angerufen, um Krankheiten zu vertreiben, die durch eine Schlange erschaffen worden sind – vermutlich durch Angrya Mainyu, den obersten Drug (Dämon).

„ ... gegen Jucken, heißes Fieber, gegen Körperflüssigkeiten, kaltes Fieber, Vavareshi, gegen die Plagen, die von der Schlange erschaffen worden sind."

Zend-Avesta, Rashin Yast 12:

„Du bist, o heiliger Rashnu, auf dem Baum des Adlers, der in der Mitte des Meeres Vouru-Kasha steht und der der Baum der guten Heilmittel, der Baum der machtvollen

Heilmittel, der Baum aller Heilmittel heißt und auf dem die Samen aller Pflanzen ruhen.
Dich rufen wir an, wir segnen Dich, Rashnu den Starken!"

Der Adler Simorgh ist wie der Adler auf dem germanischen Weltenbaum, der Adler auf der Eiche im keltischen Mabinogion, der Adler auf der Säule der Hethiter und viele andere Adler „hoch oben" bei den Indogermanen der Seelenvogel des Sonnengott-Göttervaters.

Zend Avesta, Fargard 21:
Der Regen vertreibt die Krankheiten, die folglich aus dem Feuer und der Trockenheit heraus entstehen – ein in sehr trockenen Gegenden häufiges Motiv.

„Heil, heiliger Stier!
Heil Dir, gütiger Stier!
Heil Dir, der Du alles sich vermehren läßt!
Heil Dir, der Du alles wachsen läßt!
Heil Dir, der Du Deine Geschenke den Aller-Glaubenstreuesten verleihst
und Der Du sie den noch-Ungeborenen verleihen wirst!
Heil Dir, der die Gahi (Krankheitsbringer) tötet und den ungöttlichen Ashemaogha
und den hinterhältigen Tyrannen!

Kommt, kommt voran, o Wolken, am Himmel entlang,
durch die Lüfte, auf die Erde nieder,
in tausenden von Tropfen, in zehntausenden Tropfen
– sprich so, o heiliger Zarathustra,
um die Krankheit vollkommen zu vernichten,
um den Tod vollkommen zu vernichten,
um die Krankheit vollkommen zu vernichten, die von Gaini erschaffen worden sind,
um den Tod vollkommen zu vernichten, der von Gaini erschaffen worden ist,
um Gadha und Apagadha (zwei Krankheiten) vollkommen zu vernichten!
Wenn der Tod am Abend kommt, möge die Heilung am Morgen kommen!
Wenn der Tod am Morgen kommt, möge die Heilung in der Nacht kommen!
Wenn der Tod in der Nacht kommt, möge die Heilung am Morgen kommen!
Lasse Regen neue Wasser herniedertropfen,
neue Erde, neue Bäume, neue Heilung und neue Heilungs-Kräfte!

Vouru-kasha ist der Versammlungsplatz aller Wasser (die Jenseitswasser)
steige von dort auf, gehe den Weg der Lüfte und komm herab auf die Erde;

komm auf die Erde herab und gehe den Weg der Lüfte.
Steige auf und rolle dahin,
Du, durch dessen Aufsteigen und Wachsen
Ahura Mazda die Wege der Lüfte erschaffen hat!
Auf! Steige empor und rolle über Hara Berezaita dahin,
Du Sonne mit den schnellen Rossen,
und erschaffe Licht für die Welt!
Und mögest Du, o Mensch, Dich dort erheben
wenn Du in Garo-nmanem bleiben willst,
an dem Weg, den Mazda erschaffen hat,
an dem Weg, den die Götter erschaffen haben,
den Wasserweg, den sie geöffnet haben.
Und Du sollst das Böse durch diesen heiligen Spruch fernhalten:
Für Dich, o Kind, will ich Deine Geburt und Dein Wachstum reinigen;
für Dich, o Frau, will ich den Leib und die Stärke reinigen;
ich werde Dich zu einer Frau reich an Kindern und reich an Milch machen;
zu einer Frau reich an Samen, an Milch, an Fett, an Mark und an Nachkommen.
Ich werde für Dich tausend Quellen entspringen und zu den Weiden fließen lassen
als Nahrung für das Kind.

Vouru-kasha ist der Versammlungsplatz aller Wasser (die Jenseitswasser)
steige von dort auf, gehe den Weg der Lüfte und komme herab auf die Erde;
komme auf die Erde herab und gehe den Weg der Lüfte.
Steige auf und rolle dahin,
Du, durch dessen Aufsteigen und Wachsen
Ahura Mazda die Erde erschaffen hat!
Auf! Steige empor und rolle über Hara Berezaita dahin,
Du Mond, der in sich den Samen des Stieres bewahrt,
und erschaffe Licht für die Welt!
Und mögest Du, o Mensch, Dich dort erheben
wenn Du in Garo-nmanem bleiben willst,
an dem Weg, den Mazda erschaffen hat,
an dem Weg, den die Götter erschaffen haben,
den Wasserweg, den sie geöffnet haben.
Und Du sollst das Böse durch diesen heiligen Spruch fernhalten:
Für Dich, o Kind, will ich Deine Geburt und Dein Wachstum reinigen;
für Dich, o Frau, will ich den Leib und die Stärke reinigen;
ich werde Dich zu einer Frau reich an Kindern und reich an Milch machen;
zu einer Frau reich an Samen, an Milch, an Fett, an Mark und an Nachkommen.
Ich werde für Dich tausend Quellen entspringen und zu den Weiden fließen lassen

als Nahrung für das Kind.

Vouru-kasha ist der Versammlungsplatz aller Wasser (die Jenseitswasser)
steige von dort auf, gehe den Weg der Lüfte und komme herab auf die Erde;
komme auf die Erde herab und gehe den Weg der Lüfte.
Steige auf und rolle dahin,
Du, durch dessen Aufsteigen und Wachsen
Ahura Mazda alles wachsen läßt!
Auf! Steigt empor und rollt über Hara Berezaita dahin,
O ihr Sterne, die ihr in euch die Samen des Wassers tragt,
und erschaffe Licht für die Welt!
Und mögest Du, o Mensch, Dich dort erheben
wenn Du in Garo-nmanem bleiben willst,
an dem Weg, den Mazda erschaffen hat,
an dem Weg, den die Götter erschaffen haben,
den Wasserweg, den sie geöffnet haben.
Und Du sollst das Böse durch diesen heiligen Spruch fernhalten:
Für Dich, o Kind, will ich Deine Geburt und Dein Wachstum reinigen;
für Dich, o Frau, will ich den Leib und die Stärke reinigen;
ich werde Dich zu einer Frau reich an Kindern und reich an Milch machen;
zu einer Frau reich an Samen, an Milch, an Fett, an Mark und an Nachkommen.
Ich werde für Dich tausend Quellen entspringen und zu den Weiden fließen lassen
als Nahrung für das Kind.

Vouru-kasha ist der Versammlungsplatz aller Wasser (die Jenseitswasser)
steige von dort auf und versammelt euch,
geht den Weg der Lüfte und komme herab auf die Erde;
komme auf die Erde herab und gehe den Weg der Lüfte.
Steige auf und rolle dahin!
Auf! Erhebt euch! Der Lichtverminderer (Ahriman) *wird fliehen und schreien,*
der Zeugungsunfähige (Ahriman) *wird fliehen und schreien,*
der Gahim, der den Yatu verfallen ist, wird fliehen und schreien.

*Ich vertreibe Ishire, ich vertreibe Aghuire, ich vertreibe Aghra, ich vertreibe Ughra,
ich vertreibe die Krankheiten, ich vertreibe den Tod, ich vertreibe Schmerz und
Fieber, ich vertreibe Sarana, ich vertreibe Sarasti, ich vertreibe Azana, ich vertreibe
Azahva, ich vertreibe Kurugha, ich vertreibe Azivaka, ich vertreibe Duruka, ich ver-
treibe Astairya, ich vertreibe die Krankheit, die Fäulnis, die Ansteckung, die Angra
Mainyu durch seine Zauberkünste gegen die Leiber der Sterblichen erschaffen hat.
Ich vertreibe alle Arten von Krankheiten und Toden, alle Yatus und Pairikas und all*

die tückischen Gainis.

Möge der viel-Gerufene Airyaman hierher kommen, um die Männer und Frauen des Zarathustra zu erfreuen, um die Getreuen zu erfreuen; mit dem ersehnten Lohn, der durch die Hilfe des Gesetzes erworben wird, und mit der Gabe der Heiligkeit, die von Ahura versprochen worden ist!

Möge der vielgerufene Airyaman alle Arten von Krankheiten und Toden, all die Yatus und Pairikas und all die hinterhältigen Gainis niederwerfen!

Yatha ahu vairyo – der Wille des Herrn ist das Gesetz der Heiligkeit; die Reichtümer des Vohu-mano sollen dem gegeben werden, der in dieser Welt für Mazda wirkt gemäß dem Willen des Ahura die Macht besitzt, die er ihm gegeben hat, um den Armen zu helfen.

Kem na mazda – wen hast Du eingesetzt, um mich zu beschützen, o Mazda, wenn der Haß des Feindes mich ergreifen will? Wen anderes als Atar und Vohu-mano, durch deren Werk die Welt weitergeht? Enthülle mir die Regeln Deines Gesetzes!

Ke verethrem ga – wer wird den Feind niederwerfen, um die Richtigkeit aufrechtzuerhalten? Lehre mich klar die Gesetze dieser Welt und der nächsten (Jenseits), *damit Sraosha zusammen mit Vohu-mano kommt und allen hilft, wenn es Dir gefällt.*

Beschütze uns vor dem, der uns haßt, o Mazda und Armati Spenta!
Verderbe, o feindseliger Drug!
Verderbe, o Brut der Dämonen!
Verderbe, o Welt der Dämonen!
Verderbe, o Drug (Herr der Dämon)*!*
Verderben sollen die Gefilde des Nordens (Jenseits, Dämonen-Reich) *und niemals mehr dem Tod die lebende Welt des Heiligen Geistes geben!"*

Zend Avesta, Fargard 22:

Airyaman ist ein Gott des Himmelslichtes, also der Sonne, sowie der Heilung. Er ist mit dem indischen Gott Airyaman identisch. Sein Name bedeutet „Lebensgefährte", d.h. „Freund". Er erscheint fast immer zusammen mit Mitra, dem Gott der Gerechtigkeit, und mit Varuna, dem Himmelsgott (der griechische Uranos).

Airyaman lebt in dem Haus „Airyaman nmanem", das auch als „das strahlende Haus, in dem Mitra, Airyaman und Varuna leben" bezeichnet wird. Dieser Ort ist der Himmel – Varuna-Uranos ist der Himmel selber, Airyaman ist wie der keltische Belenus und der griechische Apollo der Sonnengott-Aspekt des Dhyaus, und Mitra ist der Richtigkeits- und Gerechtigkeits-Aspekt des Dhyaus.

Ahura Mazda redete zu Zarathustra und sprach: „Als ich, Ahura Mazda, der Schöpfer aller guten Dinge, diese Halle (Himmel) *erschaffen habe, die schöne, die scheinende, die von ferne gesehen wird – dort steige ich empor, dort gehe ich entlang* – (hier ist Mazda noch der Sonnengott-Göttervater Dhyaus) *da blickte mich der Falschheits-Dämon an; der Falschheits-volle Angra Mainyu, der Tödliche, und er erschuf durch seine Zauberkünste neun Krankheiten und neunzig und neunhundert und neuntausend und neunmal zehntausend Krankheiten.*"

(Zarathustra:) "*Heile mich, o Mathea Spenta, Du Allerruhmreichster!*

Ich werde Dir dafür tausend rasche schnelllaufende Rosse geben; ich bringe sie Dir als ein Opfer an Saoka (Wohlergehen), *der von Mazda erschaffen und heilig ist.*

Ich werde Dir dafür tausend rasche hochhöckrige Kamele geben; ich bringe sie Dir als ein Opfer an Saoka, der von Mazda erschaffen und heilig ist.

Ich werde Dir dafür tausend braune Stiere, die ohne Makel sind; ich bringe sie Dir als ein Opfer an Saoka, der von Mazda erschaffen und heilig ist.

Ich werde Dir dafür tausend Jungtiere von allen Arten von Kleinvieh geben; ich bringe sie Dir als ein Opfer an Saoka, der von Mazda erschaffen und heilig ist.

Und ich werde Dich mit schönen, heiligen Segensspruch segnen, dem freundlichen heiligen Segensspruch, der die Leere zu Fülle anschwellen läßt und die Fülle zum Überfluß, der dem zu Hilfe kommt, der erkrankt ist, und der den kranken Mann wieder gesunden läßt."

Mathra Spenta, der all-Ruhmreiche, entgegnete mir: "Wie soll ich Dich heilen? Wie soll ich von Dir die neun Krankheiten vertreiben, die neunzig, die neunhundert, die neuntausend, die neun mal zehntausend Krankheiten?"

Die 9 bzw. 99.999 Krankheiten haben diese Anzahl, weil die „9" bei den Indogermanen die Zahl des Jenseits gewesen ist. Auch bei den Germanen finden sich die „9 Nöte", die „9 Naudir" usw. als Krankheitsverursacher.

Der Schöpfer Ahura Mazda rief Nairyo-sangha (das Feuer als Mazdas Bote): *„Gehe, Nairyao-sangha, Du Bote, und fahre zu den Hallen des Airyaman und sprich so zu ihm: 'So spricht Ahura Mazda, der Heilige, zu Dir: 'Als ich Ahura Mazda, der Schöpfer aller guten Dinge, diese Halle* (Himmel), *diese schöne, diese scheinende, die man von ferne sieht – dort kann ich aufsteigen, dort kann ich entlangziehen – erschaffen habe, da blickte mich der Falschheits-Dämon an; der Falschheits-volle Angra Mainyu, der Tödliche, erschuf durch seine Zauberkünste neun Krankheiten und neunzig und neunhundert und neuntausend und neunmal zehntausend Krankheiten. Heile mich, o Mathea Spenta* (Heiliges Wort), *Du Allerruhmreichster!*

Heile mich, o Mathea Spenta, Du Allerruhmreichster!

Ich werde Dir dafür tausend rasche schnelllaufende Rosse geben; ich bringe sie Dir als ein Opfer an Saoka (Wohlergehen), *der von Mazda erschaffen und heilig ist.*

Ich werde Dir dafür tausend rasche hochhöckrige Kamele geben; ich bringe sie Dir als ein Opfer an Saoka, der von Mazda erschaffen und heilig ist.

Ich werde Dir dafür tausend braune Stiere, die ohne Makel sind; ich bringe sie Dir als ein Opfer an Saoka, der von Mazda erschaffen und heilig ist.

Ich werde Dir dafür tausend Jungtiere von allen Arten von Kleinvieh geben; ich bringe sie Dir als ein Opfer an Saoka, der von Mazda erschaffen und heilig ist.

Und ich werde Dich mit schönen, heiligen Segensspruch segnen, dem freundlichen heiligen Segensspruch, der die Leere zu Fülle anschwellen läßt und die Fülle zum Überfluß, der dem zu Hilfe kommt, der erkrankt ist, und der den kranken Mann wieder gesunden läßt."'

Der Bote Nairyo-sangha gehorchte den Worten Ahura Mazdas und ging, er fuhr zu der Halle des Airyaman, er redete zu Airyaman und sprach: „So spricht Ahura Mazda, der Heilige, zu Dir: 'Als ich Ahura Mazda, der Schöpfer aller guten Dinge, diese Halle, diese schöne, diese scheinende, die man von ferne sieht – dort kann ich aufsteigen, dort kann ich entlangziehen – erschaffen habe, da blickte mich der Falschheits-Dämon an; der Falschheits-volle Angra Mainyu, der Tödliche, erschuf durch seine Zauberkünste neun Krankheiten und neunzig und neunhundert und neuntausend und neunmal zehntausend Krankheiten. Heile mich, o Mathea Spenta, Du Allerruhmreichster!

Heile mich, o Mathea Spenta, Du Allerruhmreichster!

Ich werde Dir dafür tausend rasche schnelllaufende Rosse geben; ich bringe sie Dir als ein Opfer an Saoka, der von Mazda erschaffen und heilig ist.

Ich werde Dir dafür tausend rasche hochhöckrige Kamele geben; ich bringe sie Dir als ein Opfer an Saoka, der von Mazda erschaffen und heilig ist.

Ich werde Dir dafür tausend braune Stiere, die ohne Makel sind; ich bringe sie Dir als ein Opfer an Saoka, der von Mazda erschaffen und heilig ist.

Ich werde Dir dafür tausend Jungtiere von allen Arten von Kleinvieh geben; ich bringe sie Dir als ein Opfer an Saoka, der von Mazda erschaffen und heilig ist.

Und ich werde Dich mit schönen, heiligen Segensspruch segnen, dem freundlichen heiligen Segensspruch, der die Leere zu Fülle anschwellen läßt und die Fülle zum Überfluß, der dem zu Hilfe kommt, der erkrankt ist, und der den kranken Mann wieder gesunden läßt.'"

Schnell war es getan, es dauerte nicht lange, eifrig zog der viel-angerufene Airyaman zu dem Berg der heiligen Fragen los, zu dem Wald der heiligen Fragen (dort hat Zarathustra mit Gott gesprochen). *Neun Rosse brachte er mit, der viel-angerufene Airyaman, neun Kamele brachte er mit, der viel-angerufene Airyaman, neun Stiere brachte er mit, der viel-angerufene Airyaman, neun Stück von allem Kleinvieh brachte er mit, der viel-angerufene Airyaman.*

Er brachte neun Zweige mit, er zog neun lange Furchen (für ein Ritual).

Ich vertreibe Ishire, ich vertreibe Aghuire, ich vertreibe Aghra, ich vertreibe Ughra, ich vertreibe die Krankheiten, ich vertreibe den Tod, ich vertreibe Schmerz und Fieber, ich vertreibe Sarana, ich vertreibe Sarasti, ich vertreibe Azana, ich vertreibe Azahva, ich vertreibe Kurugha, ich vertreibe Azivaka, ich vertreibe Duruka, ich vertreibe Astairya, ich vertreibe die Krankheit, die Fäulnis, die Ansteckung, die Angra Mainyu durch seine Zauberkünste gegen die Leiber der Sterblichen erschaffen hat.

Möge der viel-gerufene Airyaman hierher kommen, um die Männer und Frauen des Zarathustra zu erfreuen, um die Getreuen zu erfreuen; mit dem ersehnten Lohn, der durch die Hilfe des Gesetzes erworben wird, und mit der Gabe der Heiligkeit, die von Ahura versprochen worden ist!

Möge der vielgerufene Airyaman alle Arten von Krankheiten und Toden, all die Yatus und Pairikas und all die hinterhältigen Gainis niederwerfen!

Yatha ahu vairyo – der Wille des Herrn ist das Gesetz der Heiligkeit; die Reichtümer des Vohu-mano sollen dem gegeben werden, der in dieser Welt für Mazda wirkt gemäß dem Willen des Ahura die Macht besitzt, die er ihm gegeben hat, um den Armen zu helfen.

Kem na mazda – wen hast Du eingesetzt, um mich zu beschützen, o Mazda, wenn der Haß des Feindes mich ergreifen will? Wen anderes als Atar und Vohu-mano, durch deren Werk die Welt weitergeht? Enthülle mir die Regeln Deines Gesetzes!

Ke verethrem ga – wer wird den Feind niederwerfen wird, um die Richtigkeit aufrechtzuerhalten? Lehre mich klar die Gesetze dieser Welt und der nächsten (Jenseits), *damit Sraosha zusammen mit Vohu-mano kommt und allen hilft, wenn es Dir gefällt.*

Beschütze uns vor dem, der uns haßt, o Mazda und Armati Spenta!
Verderbe, o feindseliger Drug!
Verderbe, o Brut der Dämonen!
Verderbe, o Welt der Dämonen!
Verderbe, o Drug (Herr der Dämon)*!*
Verderben sollen die Gefilde des Nordens (Jenseits, Dämonen-Reich) *und niemals mehr dem Tod die lebende Welt des Heiligen Geistes geben!"*

Zend Avesta, Ardibehist Yast:

Dieser Yast wird jeden Tag an den Gahs Havan, Rapithwin und Aiwisruthem rezitiert.

An Asha-Vahista (Richtigkeit), *den Schönsten; an den viel-angerufenen Airyaman, den von Mazda Erschaffenen; und an den guten Saoka, den mit den Augen der Liebe, der von Mazda erschaffen wurde und der heilig ist; möge Versöhnung entstehen, mit Opfer, Gebet, Versöhnung und Verherrlichung.*

„Yatha ahu vairyo – der Wille des Herrn ist das Gesetz der Heiligkeit; die Reichtümer des Vohu-mano sollen dem gegeben werden, der in dieser Welt für Mazda wirkt

gemäß dem Willen des Ahura die Macht besitzt, die er ihm gegeben hat, um den Armen zu helfen.

Kem na mazda – wen hast Du eingesetzt, um mich zu beschützen, o Mazda, wenn der Haß des Feindes mich ergreifen will? Wen anderes als Atar und Vohu-mano, durch deren Werk die Welt weitergeht? Enthülle mir die Regeln Deines Gesetzes!

Ke verethrem ga – wer wird den Feind niederwerfen wird, um die Richtigkeit aufrechtzuerhalten? Lehre mich klar die Gesetze dieser Welt und der nächsten (Jenseits), damit Sraosha zusammen mit Vohu-mano kommt und allen hilft, wenn es Dir gefällt.

Beschütze uns vor dem, der uns haßt, o Mazda und Armati Spenta!
Verderbe, o feindseliger Drug!
Verderbe, o Brut der Dämonen!
Verderbe, o Welt der Dämonen!
Verderbe, o Drug (Herr der Dämon)*!*
Verderben sollen die Gefilde des Nordens (Jenseits, Dämonen-Reich) *und niemals mehr dem Tod die lebende Welt des Heiligen Geistes geben!"*

Das Airyaman-Gebet wirft die Kraft aller Geschöpfe des Angra Mainyu nieder, alle Yatus und Pairikas.
Es ist der größte aller Zaubersprüche,
der beste aller Zaubersprüche,
der allerbeste aller Zaubersprüche,
der schönste aller Zaubersprüche,
der allerschönste aller Zaubersprüche,
der schrecklichste aller Zaubersprüche,
der allerschrecklichste aller Zaubersprüche,
der festeste aller Zaubersprüche,
der allerfesteste aller Zaubersprüche,
der siegreichste aller Zaubersprüche,
der allersiegreichste aller Zaubersprüche,
der heilendste aller Zaubersprüche,
der allerheilendste aller Zaubersprüche.

Man kann mit der Heiligkeit heilen,
Man kann mit dem Gesetz heilen,
Man kann mit dem Messer heilen,
Man kann mit den Kräutern heilen,
Man kann mit dem Heiligen Wort heilen –
unter all diesen Heilmitteln ist dieses das Heilmittel,
das mit dem heiligen Wort heilt;
dieses ist das, das die Krankheit am besten

aus dem Leib des Rechtschaffenen vertreibt:
denn dies ist das beste aller Heilmittel.

Die Krankheit ist vor ihm geflohen,
der Tod ist vor ihm geflohen,
die Daevas (Dämonen) *sind vor ihm geflohen,*
das Wider-Werk (üble Taten) *der Daevas ist geflohen,*
der unheilige Ashemaogha ist geflohen,
der Unterdrücker der Menschen ist geflohen.

Die Brut der Schlange (Krankheitsgeister) *ist geflohen,*
die Brut des Wolfes (Krankheitsgeister oder Feinde) *ist geflohen,*
die Brut des Zweibeinigen (menschliche Feinde) *ist geflohen;*
der Stolz ist geflohen,
die Verachtung ist geflohen,
das heiße Fieber ist geflohen,
die Verleumdung ist geflohen,
die Uneinigkeit ist geflohen,
das Böse Auge ist geflohen!

Die am allermeisten lügenden Worte der Falschheit sind geflohen,
die Gahi, die dem Yatu verfallen sind, sind geflohen,
die Gahis, die einen Menschen schwinden lassen, sind geflohen,
der Wind, der vom Norden her weht, ist geflohen,
der Wind, der vom Norden her weht, ist verschwunden!

Er ist es, der für mich die Brut der Schlangen niederwirft
und der diese Daevas (Dämonen) *zu tausenden und zu abertausenden niederwirft,*
zu zehntausenden und zu aberzehntausenden;
er wirft die Krankheit nieder,
er wirft den Tod nieder,
er wirft die Daevas nieder,
er wirft der Daevas Wider-Werk (üble Taten) *nieder,*
er wirft den unheiligen Ashemaogha nieder,
er wirft den Unterdrücker der Menschen nieder!

Er wirft die allerlügendsten Worte der Falschheit nieder,
er wirft die Gahi nieder, die dem Yatu verfallen sind,
er wirft die Gahi nieder, die einen Menschen schwinden lassen,
er wirft den Wind nieder, der vom Norden her weht,

er läßt den Wind, der vom Norden her weht, verschwinden!

Er ist es, der für mich die Brut der Zweibeinigen niederwirft
und der diese Daevas zu tausenden und zu abertausenden niederwirft,
zu zehntausenden und zu aberzehntausenden;
Angra Mainyu, der ganz Tod ist,
der von allen Daevas am schlimmsten Lügende,
floh vor ihm.

Er rief aus, das tat Angra Mainyu:
„Weh mir! Hier ist der Gott Asha-Vahista,
der die krankeste der Krankheiten niederwerfen wird,
der die krankeste der Krankheiten peinigen wird!
Er wird den tödlichsten aller Tode niederwerfen,
er wird den tödlichsten aller Tode peinigen!
Er wird den feindlichsten aller Feinde (Dämonen) niederwerfen,
er wird den feindlichsten aller Feinde peinigen!
Er wird die aller widerwärtigsten aller Wider-Werke niederwerfen,
er wird die aller widerwärtigsten aller Wider-Werke peinigen!
Er wird den unheiligen Ashemaogha niederwerfen,
er wird den unheiligen Ashemaogha peinigen!
Er wird den unterdrückendsten aller unterdrückenden Menschen niederwerfen,
er wird den unterdrückendsten aller unterdrückenden Menschen peinigen!
Er wird den schlangisten aus der Schlangen-Brut niederwerfen,
er wird den schlangisten aus der Schlangen-Brut peinigen!
Er wird den wolfigsten aus der Wolfs-Brut niederwerfen,
er wird den wolfigsten aus der Wolfs-Brut peinigen!
Er wird den schlimmsten aus der Brut der Zweibeinigen niederwerfen,
er wird den schlimmsten aus der Brut der Zweibeinigen peinigen!
Er wird den Stolz niederwerfen,
er wird den Stolz peinigen!
Er wird die Verachtung niederwerfen,
er wird die Verachtung peinigen!
Er wird das heißeste aller heißen Fieber niederwerfen,
er wird das heißeste aller heißen Fieber peinigen!
Er wird die verleumdenste aller Verleumdungen niederwerfen,
er wird die verleumdenste aller Verleumdungen peinigen!
Er wird den strittigsten aller Streite niederwerfen,
er wird den strittigsten aller Streite peinigen!
Er wird das schlimmste aller Bösen Augen niederwerfen,

er wird das schlimmste aller Bösen Augen peinigen!
er wird die allerlügendste aller Falschheiten niederwerfen,
er wird die allerlügendste aller Falschheiten peinigen!
Er wird die Gahi, die dem Yatu verfallen sind niederwerfen,
er wird die Gahi, die dem Yatu verfallen sind peinigen!
Er wird die Gahi, die die Menschen schwinden lassen, niederwerfen,
er wird die Gahi, die die Menschen schwinden lassen, peinigen!
Er wird den Wind, der vom Norden her weht, niederwerfen,
er wird den Wind, der vom Norden her weht, peinigen!

Der Drug (Dämon) *wird untergehen, der Drug wird verderben,*
der Drug wird fliehen, der Drug wird verschwinden!
Du wirst zu den Bereichen des Nordens entschwinden
und niemals mehr dem Tod die lebende Welt des Heiligen Geistes geben!

Für dieses Leuchten und diesen Ruhm will ich Dir ein Opfer darbringen, über das es zu hören wert ist – dem Ahsa-Vahista (Richtigkeit), *dem Schönsten, dem Amesha-Spenta.*

Dem Asha-Vahista, dem Schönsten, dem Amesha-Spenta, bringen wir Trankopfer dar, den Haoma und das Fleisch, die Baresma-Zweige, die Weisheit der Zunge, den Heiligen Geist, die Sprache, die Taten, die Trankopfer, die auf rechte Weise gesprochenen Worte.

Yenhe hatam: All die Wesen, deren Gutsein Ahura Mazda kennt ... (eine Gebetsformel)

Yatha ahu vairyo: Der Wille des Herrn ist das Gesetz der Heiligkeit ... (eine Gebetsformel)

Ich segne das Opfer und das Gebet und die Stärke und die Kraft des Asha-Vahista, den Schönsten, das des viel-angerufenen Airyaman, der von Mazda erschaffen worden ist; und des guten Saoka, der mit den Augen der Liebe, der von Mazda erschaffen worden und heilig ist.

Ashem Vohu: Heiligkeit ist die beste aller guten ... (eine Gebetsformel)

Gib den Menschen Glanz und Ruhm, gib ihnen die Gesundheit des Leibes ... (eine Gebetsformel) *... gib ihnen das strahlende, all-glückliche, segensreiche Heim der Heiligen!"*

II 3. c)   Griechen

Der griechische Ärzte-Gott Asklepios war der Sohn des Sonnengottes Apollon und der Königstochter Koronis. Als diese fremdgegangen war, ließ Apollon sie durch seine Schwester Artemis töten. Apollon nahm das Kind aus dem Leib der Toten, das sein Sohn war, und holte ihn ins Leben zurück. Daraufhin tötete Zeus den Jungen mit einem Blitz, damit das Gesetz der Natur erhalten blieb. Anschließend gelangte Asklepios jedoch als Gott in den Olymp.

Bei den Griechen ist die Priesterin Medea dafür bekannt, daß sie Tiere und Menschen töten und in ihrem Kessel wiederbeleben konnte. Da sie diese Tiere und Menschen dabei auch verjüngte, handelt es sich bei diesem Motiv offenbar um einen umgedeuteten Wiedergeburtszauber – der die größte Form der Heilung ist …

Illias 11, 739:
Mulios, kühn und gewandt, der ein Eidam war des Augeias,
Seiner ältesten Tochter vermählt, Agamede der blonden,
Die Heilkräuter verstand, so viel rings nähret die Erde.

Pindaros, Pythie 3, 51:
Über den vergöttlichten Heiler Asklepios: wird in diesem Text das Folgende gesagt: Er erleichterte die Kranken *„mal mit sanften Sprüchen, mal mit beruhigenden Tränken oder Balsam, mal mit dem Messer.“*

Das ist dieselbe Einteilung wie bei den Persern: Heilung mit Kräutern, mit dem Messer und mit dem Wort.

II 4.   Indogermanen

Die Indogermanen heilten mit Kräutern, mit Operationen („mit dem Messer“) und mit Zaubersprüchen, d.h. durch Anrufungen der Götter. Ein großer Teil der „Heilungen mit Worten“ besteht aus dem Vertreiben der Krankheitsgeister. Das Erkranken wird dabei oft als Angriff durch die Krankheitsgeister mit Speeren, Pfeilen oder Schlägen aufgefaßt.

Die Wiedergeburt scheint bei den Indogermanen somit eng mit dem Zyklus des Todes und der Wiedergeburt des Sonnengott-Göttervaters verbunden gewesen. Dies ist nicht verwunderlich, da der abendliche „Tod“ und die morgendliche „Wiedergeburt“ der Sonne das Urbild für die Wiedergeburt nach dem Tod im Jenseits gewesen ist und auch das Urbild für jede Heilung.

Das Denken in Analogien ist allgemein in der Magie weit verbreitet gewesen, aber eine systematischere Anwendung dieses Prinzips bei Heilungen ist nur von den Germanen überliefert, bei denen sich diese Sichtweise bis zu einem Vorläufer der Homöopathie weiterentwickelt hat („Gleiches heilt Gleiches").

Da die Krankheit, d.h. die Krankheitsgeister aus dem Jenseits kamen, mußte auch die Heilung aus dem Jenseits, d.h. von den Göttern und Ahnen kommen. Daher ist der Weltenbaum als die Verbindung zwischen dem Jenseits (Himmel) und dem Diesseits (Erde) ein wichtiges Element bei der Heilung – diesen Weg entlang kommen die Krankheiten aus dem Jenseits zu den Menschen, diesen Weg entlang kommt der Segen der Götter zu den Menschen, und diesen Weg entlang sind (zumindestens bei den Ost-Indogermanen) auch die Heilkräuter zu den Menschen gekommen.

Der Weltenbaum ist die Nabelschnur der Menschen zu der Muttergöttin, die die Quelle aller Heilung ist – die morgendliche Wiedergeburt des Sonnengott-Göttervaters Dhyaus durch die Erd- und Jenseitsgöttin ist das Urbild aller Heilungen.

Die gelegentlich auch auftretenden Zaubertränke leiten sich primär von dem Wiedergeburts-Trank ab, der seinerseits die Ritual-Variante der Milch der Göttin ist, mit der sie die Toten nach deren Wiedergeburt im Jenseits säugt – was könnte heilsamer sein als diese Milch? Im Mittelalter hat sich dieser Wiedergeburts-Ritualtrank in Europa und in Indien zum Lebenselixier der Alchemisten weiterentwickelt, das dem, der es trinkt, die Unsterblichkeit gab.

III Heilung bei den Nicht-Indogermanen

Die frühen Formen der Heilung sind bei allen Völkern recht einheitlich und bestehen im Wesentlichen aus den drei Elementen, die auch die Perser im Zend Avesta sowie die Griechen im Pindaros aufgezählt haben:

- Heilungen mit Kräutern (und Zaubertränken),
- Heilungen mit dem Messer (Operationen)
- und Heilungen mit dem Wort (Magie).

Diese Formen findet man im ägyptischen Totenbuch, bei den Indianern, in Afrika usw. Der Schwerpunkt kann dabei recht verschieden sein:

- in Afrika spielen die Anrufungen der Ahnen eine große Rolle – daraus sind die heutigen Familienaufstellungen entstanden;
- in Ägypten sind die Analogiezauber wichtig – z.B. die Heilung durch einen Schlangenbiß indem der Gebissene dem Horus gleichgesetzt wird, der durch Isis geheilt worden ist;
- in Indien wurden die Kräuter und ähnliches besodenrs betont – daraus ist das Ayurveda entstanden;
- in Mitteleuropa die Homöopathie – Germanen => Paracelsus => Hahnemann => Homöopahtie;
usw.

Die Heilung durch das Wort ist fortgeschrittene Magie und findet sich bei Yogis wie Naropa, bei Lamas wie Milarepa, bei Religionsgründern wie Christus usw. In den Geschichten über sie wird über die Heilung von Lahmen, Blinden und selbst von Toten berichtet.

Diese Heilung durch das Wort, also die Magie, wird überall als die wirksamste Methode der Heilung betrachtet – sie erfordert allerdings einen Menschen, der diese Worte wirksam aussprechen kann, also einen Magier oder eine Magierin …

Verzeichnis der Themen

(die Zahl ist die Nummer des Bandes, in dem sich das Thema findet)

Eugel 7
Eule 40
Eyrgjafa 35
Faden 55
Fafnir (Zwerg) 32
Fährmann 49
Fala 35
Falkenkleid:
- der Freya 40
- der Frigg 40
Falke 40
Fallar 32
Farbauti 6
Farn 45
Farseti 6
Faulheit =>
Feuersitzen 55
Feima 35
Fenchel 45
Fenja 28
Fenrir 6
Fenrir 43
Fernhypnose 64
Ferse 63
Fessel 66
Fessel-Zauber 64
Feuer 55
Feuersitzen 55
Feuerzauber 64
Fialar 32
Fid 32
Fieberkraut 45
Fili 32
Fimafeng 39
Fimbulwinter 55
Finger 63
Finnalf 5
Finnar 32
Finnmark-Riese 34
Fiölkald 34
Fiölmor 39
Fiölnir 20

Fiölvör 35
Fiörgyn 20
Fiörgyn 23
Fisch 44
Fjölverkr 34
Fjötra 29
Flachs 45
Flegda 35
Fleur-de-lys 55
Fleggr 34
Fliege 40
Fluch 68
Flügel des Wieland 40
Flügelschuhe 67
Flugschuhe des Loki 40
Fluß 49
Freya 22
frühe Skaldenlieder 78
Freyr 15
Fried 29
Friedenszauber 6
Fridr 29
Frigg 21
Folde 20
Fonn 34
Forat 35
Forelle 44
Fornjotr 6
Forseti 19
Frägr 32
Franmar 37
Frar 32
Freki 43
Frosti 32
Frosti 34
Fruchtbarkeit 64
Fuchs 43
Frauenhaarfarn 45
Frühling 54

Frühlingstagund-nachtgleiche 54
Fulla 29
Fullas Haarreif 60
Fullafle 34
Fundin 32
Fuß 63
Fylgia 50
Fynir 6
Fynir 34
Galar 32
Galarr 34
Galdr 64
Gallapfel 45
Gandalf 32
Ganglati 34
Ganglot 6
Gangr 34
Gangr 33
Gans 40
Gänsefuß 45
Garm 43
Gautan 39
Gautrek-Saga => Snotra
Geban 20
Geburts-Orakel 64
Gefäße 57
Gefion 20
Gefion-Geliebter 6
Gefiun 20
Gefjon 20
Geist 50
Geier 40
Geirahöd 31
Geiravör 31
Geirdriful 31
Geirönul 31
Geirröd 5
Geirrota 31
Geirskögul 31
Geitir 6

Geitla 35
Geitir 35
gelb 46
Geliebter der Gefion 6
Gerber-Schaber 67
Gerdr 28
Geri 43
Gespenst 50
Gestaltwandel => Verwandlung
Gesang 68
Gestilja 35
Getreide 45
Gewöhnlicher Flachbärlapp 45
Geysa 35
Gialar 32
Gift 70
Gifur 43
Gigas 6
Gilling 6
Gillings Frau 28
Ginnar 32
Ginnungagap 49
Gjalp 35
Glamr 34
Glatundshundr 43
Glaumar 34
Glaumarr 34
Glaumr 6
Glenr 48
Glitni 5
Glöd 35
Gloi 32
Glück 64
Glückstrank 70
Glumra 35
Glymra 35
Gna 29
Gneip 35
Gnepja 35

187

Keiler 42	**Lachanfall** 64	Luchs 43	Miötwitnir 32
Kenningar 75	Lachen 55	Lutr 34	Mjoll 34
Kerbel 45	Lachs 44	Lyngheid 35	Modgudr 29
Kessel 57	Landgeister 36	**Magni** 19	Modgudr 31
Keule 66	Lauch 45	Malseron 34	Modi 19
Kiebitz 40	Laufey 26	Mana 35	Modrädnir 32
Kili 32	Laurin 7	Managarm 43	Modsognir 7
Kisi 34	Laus 40	Mannus 20	Mögthrasir 6
Kiste 57	Leber 63	Mardalla 27	Moin 32
Kjallandi 6	Leib 63	Marder 43	Mökkurkjalfi 6
Kjallandi 35	Leidi 34	Margerdr 35	Molda 35
Klaufi 34	Leifi 6	Margerthur 35	Mona 20
Klee 45	Leifnir 6	Mangold 45	Mond 48
Kleima 35	Leikn 35	Mantel 67	Mondul 32
Knochen 67	Leimrute 66	Mantel der Nanna 67	Moosfrau von
Knoten 64	Leiter 49	Marnar 29	Saalfeld 32
Kobolde 36	Leirvör 35	Märzviole 45	Moosleute von
Kol der Bucklige 39	Leopard 43	Maske => Helm	Arntschgereute 32
Kolfrosta 28	Lerche 40	Maus 44	Mörn 35
Kolga 35	Lidskialf 20	Meer 49	Möwe 40
Kopf 63	Liebestrank 70	Meer der Zeit 55	Mühle 66
Kormoran 40	Liebeszauber 64	Meer-Menschen 36	Mundilfari 6
Korn 45	Lif 39	Mehlbeere 45	Munin 40
Körperteile 65	Lifthrasir 39	Mehltau 45	Munnharpa 35
Köttr 34	Litr 6	Meili 9	Münze 67
Kraftgütel => Gürtel	Litr 32	Meise 40	Muspel 6
Krähe 40	Ljod 29	Menglöd 22	Muspelheim =>
Kraka 31	Ljota 35	Menja 28	Feuer 52
Kranich 40	Lodin 6	Menschenopfer 64	Myrkrida 35
Kräuter 45	Lodinfingra 35	Messer 66	Myrkvid 49
Kreppvör 35	Lodur 16	Midgard 52	**Nabbi** 32
Kriegerin 62	Lofar 7	Midgardschlange 41	Nacktheit 60
Kreuzblume 45	Lofn 29	Midi 6	Nadel 55
Kreuzkraut 45	Lofnheid 35	Midjungr 34	Nägel 55
Krönung 64	Logi 34	Midwitnir 6	Naglfar 49
Kröte 44	Loki 16	Mimir 6	Nain 32
Kuckuck 40	Loni 32	Mist 31	Nali 32
Kuril 6	Lopthoena 28	Mistel 45	Namensgebung 64
Kult 55	Lori 35	Mistkäfer 40	Nanna 21
Kundalini 64	Loricus 6	Mittelpfeiler =>	Nauma (Hel) 35
Kwasir 20	Löwe 43	Yggdrasil	Nar 32
Kyrmir 6	Löwenmäulchen 45	Mittsommer 54	Narfi 6